从0到1学做社交新零售

王介威 ◎ 著

中国纺织出版社有限公司

内容提要

社交新零售商业模式不是一种简单的营销方式，更不是一种单纯的营销活动，而是一套符合当下商业营销环境的全新商业模式，其重新定义了企业的盈利方式，企业由单纯的产品盈利，转向产品盈利、招商盈利、团队裂变盈利、平台化事业部盈利并存。每一位参与者都是项目的合伙人，每一位参与者都是项目的裂变者，大家一起营销，一起发展，从而实现平台的长期发展。

本书从多维角度对社交新零售商业模式进行深层次的剖析，并提出八大实操方法，力求让读者朋友一学就会，上手即可复制操作并产生实际效果。

图书在版编目（CIP）数据

从0到1学做社交新零售 / 王介威著. --北京：中国纺织出版社有限公司，2023.1
ISBN 978-7-5229-0267-8

Ⅰ.①从… Ⅱ.①王… Ⅲ.①零售商业—商业模式 Ⅳ.①F713.32

中国版本图书馆CIP数据核字（2022）第253455号

策划编辑：曹炳镝　李立静　　责任编辑：史　岩
责任校对：高　涵　　　　　　责任印制：储志伟

中国纺织出版社有限公司出版发行
地址：北京市朝阳区百子湾东里A407号楼　邮政编码：100124
销售电话：010—67004422　传真：010—87155801
http://www.c-textilep.com
中国纺织出版社天猫旗舰店
官方微博http://weibo.com/2119887771
天津千鹤文化传播有限公司印刷　各地新华书店经销
2023年1月第1版第1次印刷
开本：710×1000　1/16　印张：13.5
字数：142千字　定价：58.00元

凡购本书，如有缺页、倒页、脱页，由本社图书营销中心调换

前言

这是一个营销方式变革的时代。随着移动互联网的发展、社会生产力的进步以及大众交通工具的便捷,社会营销环境发生了翻天覆地的变化。企业若想在今天激烈的市场竞争中取得新优势,就必须改变过去的营销方式,探索和采用符合新时代的新型营销方式,以便让企业获得新的盈利增长点。

目前,市面上比较火热的营销方式中,社交新零售商业模式可谓大放异彩,已被越来越多的企业认可和选择。

虽然社交新零售商业模式给不少传统企业带来全新的变化,但是大多数传统企业老板对社交新零售商业模式依然是陌生的。即使有所耳闻,也并不清楚社交新零售商业模式具体是怎么一回事。

在本书中,我将结合操盘辅导数百家社交新零售企业的操盘经验,从专业的角度讲解什么是社交新零售商业模式,并从底层商业逻辑讲清社交新零售商业模式的商业本质,以期帮助企业通过社交新零售商业模式快速取得新的业绩增长。

本书主要讲解了社交新零售商业模式、爆品打造体系、活动方案体系、私域营销体系、回款方案体系、奖金制度体系、招商裂变体系、代理商培训体系、起盘筹备体系和项目操盘常见问题，其中的八大体系构成了社交新零售商业模式的操盘运营系统。

撰写本书有两个目的：一是让读者朋友清楚了解社交新零售商业模式的底层商业逻辑，帮助大家正确认识社交新零售商业模式；二是帮助有需要的企业导入专业化和体系化的社交新零售商业模式操盘运营系统，助力社交新零售企业走得更远。

但愿这本书能够给大家带来实实在在的帮助。祝开卷有益！

王介威

2022 年 11 月

第一章　社交新零售商业模式

第一节　什么是社交新零售商业模式 / 2

第二节　社交新零售商业模式的典型代表 / 14

第三节　社交新零售的发展历史及火爆原因 / 24

第二章　爆品打造体系

第一节　什么样的产品适合做社交新零售 / 32

第二节　社交新零售市场的热门产品 / 38

第三节　产品或品牌背书常见的打造方式 / 40

第三章　活动方案体系

第一节　代理商营销活动方案设计技巧 / 46

第二节　常见活动方案参考案例 / 49

第四章　私域营销体系

第一节　流量是企业的核心竞争力 / 54

第二节　利用公域流量吸粉系统快速吸粉 / 55

第三节　通过商务 IP 打造系统塑造个人品牌 / 64

第四节　精心经营私域流量池 / 67

第五节　裂变更多的项目合伙人 / 72

第五章　回款方案体系

第一节　好的回款方案是项目起盘成功的关键 / 78

第二节　首批种子代理商从哪里来 / 79

第三节　起盘回款方案中的营销活动策略 / 83

第六章　奖金制度体系

第一节　代理商奖金制度的重要性及核心目的 / 90

第二节　代理商奖金制度的三大板块 / 91

第三节　常见的典型性奖金制度 / 99

第四节　如何科学设计自己的奖金制度 / 135

第七章　招商裂变体系

第一节　正确认识代理商招商裂变体系 / 142

第二节　六步建立线下团队复制裂变系统 / 145

第三节　三步建立线上公域流量转化系统 / 153

第四节　五步建立社群营销成交转化系统 / 156

第八章　代理商培训体系

第一节　为什么要建立代理商培训体系 / 162

第二节　代理商培训必不可少的四大课程体系 / 165

第三节　建立代理商培训商学院 / 173

第九章　起盘筹备体系

第一节　项目起盘前必开的会议 / 178

第二节　项目起盘招商素材工具包 / 183

第三节　组建专业的操盘运营团队 / 190

第四节　起盘新项目需要投入的资金 / 195

第十章　项目操盘常见问题

第一节　社交新零售和微商有什么区别 / 200

第二节　项目起盘要不要托管代运营公司 / 201

第三节　如何与成熟的代理商团队合作 / 204

第一章
社交新零售商业模式

近几年,在中国的商业营销界,社交新零售这种商业模式给很多行业带来营销方式的变革,但是,社交新零售商业模式到底是怎么一回事,它的底层商业逻辑又是什么,很多人说不明白。

彻底理解社交新零售商业模式的底层商业逻辑,是做好社交新零售项目的基础,更是项目取得快速进步的关键。

本章将帮助大家正确认识社交新零售商业模式的底层逻辑,从而助力大家成功操盘运营社交新零售商业模式项目。

第一节　什么是社交新零售商业模式

一、你真的了解社交新零售吗

2019年,"社交新零售"一词火遍大江南北,被很多行业的老板不断提起。不仅有一些新创企业的产品通过社交新零售推向市场,还有很多知名品牌向社交新零售营销模式转型。

目前,很多人都在讲社交新零售,但社交新零售的商业模式到底是怎么一回事,大多数人并不清楚,接下来本书将从以下两个方面进行阐释。

1.传统商业模式导致行业内卷

想要清楚理解什么是社交新零售,我们先要清楚传统商业思维经营项目的方式。

在传统商业思维下,如果想做生意,我们手里首先要有一个产品,然后进行项目投资。等到启动资金充沛,就可以租用办公室并对办公室进行装修。办公室装修好后,紧接着招聘员工。招到员工后,还需要投放广告来宣传产品。这样,有需求的客户才会找到我们。产品卖出去之后,企业才能从中赚取利润。这是大多数传统企业的经营方式。

这种经营方式取得成功的基础是建立在产品短缺的市场环境中。即这种产品要有一定的市场空间,并且同类型的产品在市场中较少,市场处在供小于求或者供求平衡的状态。

在中国这个拥有14亿人口的大市场中,理想状态下,企业只需要投放广告,让更多的人知道,就可以把产品卖出去,从而赚取利润。但在现实市场环境中,往往其他的企业看到这个产品赚到钱之后,就会把资金投入这个市场,生产同类型的产品。随着同类型企业的增多,竞争的产品不断增加,企业之间的竞争就会加剧。这时候,企业希望持续获得更多的客户,在竞争中取得胜利,这就需要企业投入比其他同类型企业更高的广告费用、租用更好的办公室、招聘更优秀的人才来抢占更多的市场。

企业之间竞争加剧会造成一种行业现象——"内卷",即同行间竞相付出更多的努力以争夺有限的资源,从而导致个体"收益努力比"下降的现象出现。

行业"内卷"具体表现为:企业投放更高的广告费用和资金用于企业的运营和产品研发,但由于同类型的企业太多,而市场消费空间有限,导致企业投入的资金越来越多,结果分到每家的客户数量反而越来越少。企业为应对这种现象就会采用压缩产品利润空间的办法,进行产品降价。价格下跌,运营成本却在不断上升,最终企业之间会形成恶性竞争,导致企业投进去一大笔资金,却赚不到钱。

当下,"内卷"现象已经蔓延到多个行业,下面将举例说明。

例1:街上的美容院。一条街上仅有一家美容院时,不用想尽办法蓄客,也不断有客户上门。但因为生意太好,引来其他人模仿,这条街上很快就新开设了几家美容院,这时客户就会分散,美容院之间就会产生竞争。此时,美容院会采用提高自身服务质量、升级门店装修、投入广告宣传、发放优惠券等方式来吸引客户,最终造成行业"内卷"。其实,无论开设多少家美容院,客户群体大致是不变的。所以,即使美容院投入的钱再多,其结果都是一样的。

例2:电商品牌。当电商企业在某一个产品品类获得巨大的利润后,其他电商企业就会纷纷介入这个品类。同品类电商企业为获取更多的客户,会在平台上投放更多的广告,最终产品利润全都被广告商抢走。产品利润降低,广告投入却是一笔天价,其结果是后介入这个品类中的电商企业"竹篮打水一场空"。

例3:直播带货。直播间的主播为了取得更高的销售业绩会投放更多的资金在直播间投流上,实际上就是在压缩每个直播间的利润。这种方式最终会导致每个直播间投流的费用越来越高,而利润却越来越低。

行业中出现"内卷"现象的根本原因在于绝大多数企业秉持以产品为中心的传统商业思维。一家企业只要以产品为中心,就会把过多的精力放在产品上,从而忽略商业模式和营销体系。既然以产品为中心,为了取得更好的销售成果,企业只能增加产品宣传的投入费用。然而,在同类产品市场过剩的情况下,无论企业投入多少广告费,都无法取得好的销售业绩。

就像我们经常看到一些企业,经营的前两年因为同类产品少,所以很赚钱。后来，同类产品越来越多，企业就越来越不赚钱，即使花费大量的精力用于广告投放和优秀人员的招聘，依然跳不出利润下降的死循环。这种现象的背后其实是商业模式在起作用。传统的商业模式和商业思维只有在市场产品短缺的情况下才能出现企业的持续盈利。一旦产品市场饱和，竞争企业越来越多，企业的利润就会下降，企业就无法实现长久的发展。如今，市场环境已经改变，企业要想取得持续盈利，就要找到符合当前环境的新商业模式，从而获得新的发展。

2. 什么是社交新零售商业模式

那么，到底什么是社交新零售商业模式？这种模式能给我们带来哪些变化呢？

面对这些问题，首先我们要明确，社交新零售不是一种简单的营销方式，更不是一种单纯的营销活动，而是一套符合当下商业营销环境的全新的商业模式。

在过去10～20年的时间里，中国的工业生产水平得到了快速提升，珠三角、长三角的代工厂多如牛毛，只要你有想法，各种形态的产品都可以在很短的时间内生产出来。

过去的企业想要做一个产品，需要自己盖厂房、搞研发、搞生产、招员工，最后把产品销售出去。与过去相比，今天的企业想做一个产品要简单得多，只需要申请一个品牌，找代工厂生产产品即可。在这样的市场环境下，必然导致同类型的产品增多，产品竞争越来越激烈。面对C端客户的产品更是如此，同类型的产品在市场上会出现成百上千个品牌。基于此，即使产品再好，也不一定有好的市场表现。

市场上同类型的产品太多，而消费者并不清楚是谁家的产品好，他们只会接受自己看得到的产品，谁能把产品宣传到他眼前，他就认为谁的产品好，从而购买该产品。所以，这就要求企业不能以产品为王的传统思维模式去经营企业，而要进行商业思维的变革。

在这种大环境下，社交新零售商业模式的出现无疑是大势所趋。

简单地说，就是利用社交新零售商业模式经营的企业不再以产品为王，也不再单纯的以产品销售进行盈利，而是在产品盈利的基础上招募更多的代理商，通过代理商进行产品销售。同时，企业建立代理商创业赋能的平台和帮扶机制，帮助代理商裂变出更多的代理商。代理商形成代理商销售团队，在企业搭建的平台上进行创业，从而实现代理商数量持续不断的倍增。

每一个代理商都是企业的销售渠道，都在帮助企业进行产品销售和代理商的招商，最终企业获得了数量庞大的代理商销售团队，进而实现一年几百万、上千万甚至数亿元的销售业绩。

从深层次理解，社交新零售商业模式重新定义了企业的盈利方式，企业由传统的产品盈利转向招商盈利、团队盈利和平台化盈利。每一位参与者都是项目的合伙人，每一位参与者都是项目的裂变者。企业搭建的是一个共创共赢的平台，平台上的参与者一起营销，一起发展，从而实现平台的长期发展。

从商业底层构架理解，社交新零售商业模式有三个重要的核心支撑，分别是团队裂变、私域营销和平台化经营。如图1-1所示。

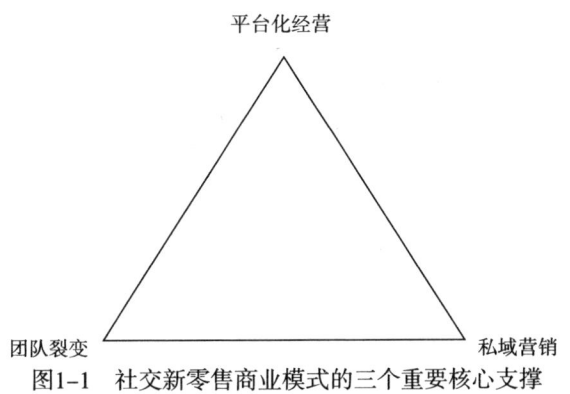

图1-1 社交新零售商业模式的三个重要核心支撑

（1）团队裂变。以团队裂变的方式做招商，以团队裂变的方式做渠道。这种方式要求企业的工作重点由过去的以产品销售为中心转移到以代理招商和代理培训为中心，辅导代理商通过团队裂变的方式进行团队招商，从而帮助企业建立更多的销售渠道。

团队招商的主要目标有四大群体：一是个人创业者；二是同客户群体，不同产品的异业联盟合作伙伴；三是行业内传统渠道商；四是产品消费者。整合四大群体，形成代理商销售团队。代理商销售团队在企业的扶持下，不断实现团队的招商和裂变，从而帮助企业裂变出成千上万的代理商销售群体。企业通过这些代理商群体实现产品的销售、业绩的倍增和企业的长久盈利。

（2）私域营销。以私域营销的方式获取客户流量，以私域营销的方式卖产品、做招商。这种方式要求企业为代理商进行私域营销技能方面的培训，教会代理商通过私域营销的方式获取目标客户流量，从而进行产品销售和代理商的招商。

代理商销售团队中的小代理商很难通过传统的广告方式进行相关产品的招商和项目的推广，但小代理商们可以借助移动互联网营销的优势，掌握私域营销的技能，通过私域营销的方式，获取目标产品消费者和产品代理商，从而实现产品的销售和自身销售团队的建设。

（3）平台化经营。以平台化的方式经营项目，以平台化的方式经营事业部。首先，要求企业不再以单纯的产品进行招商，而是以平台化项目的形式进行招商。这就避免了产品之间的招商竞争和品牌之间的招商竞争，转而以行业项目招商，从而提升对代理商的吸引度，更有利于代理商渠道的招募。

其次，要求企业树立平台化的项目经营思维，进行平台化经营，在项目的大平台基础上建立更多的小事业部，每一个事业部由公司和优秀团队进行合股经营。每一个事业部独立经营、独立核算、独立分红。每一个事业部都具备团队基础，都通过团队裂变的方式去裂变自己的代理商团队，从而实现单个独立事业部的发展。当单个事业部团队人数达到一定代理商基数时，就可以成立新的品牌，实现独立项目的发展。同时，平台建立系统化的运营赋能机制，帮扶每一个事业部发展，最终实现整个平台的发展。

平台化经营才是真正的社交新零售商业模式的经营理念。

二、社交新零售的四大盈利方式

企业赚钱的方式又叫作企业的盈利方式。在传统商业思维中，绝大部分的企业依靠产品进行盈利。所以，过去企业之间的竞争往往是产品的竞争，企业若想获得更多利润，就需要不断降低产品生产成本，同时提高广告投入，增加客户流量。但是，随着同类型产品的企业越来越多，其他企业也在投放相应的广告。此时，企业若想在同类型产品的企业中脱颖而出，就必须增加广告的投放成本，提高曝光率。相应地，其他企业也会增加广告的投放成本，如此一来，企业与企业之间的产品竞争越来越激烈，最终导致产品利润降低，相关的企业都赚不到钱。因此，仅靠产品盈利很难让企业获得长久的发展，这就要求企业必须寻求其他的盈利方式，实现自身的进一步发展。

社交新零售商业模式的出现，进一步丰富了企业的盈利方式，提升了企业的盈利维度，将企业的盈利方式由过去单纯的产品盈利，转向了今天的产品盈利、招商盈利、团队盈利、平台化盈利的多元盈利格局。如图1-2所示。

图1-2 社交新零售商业模式的多元盈利格局

1. 产品盈利——赚消费市场的钱

传统商业模式是通过电商、实体店、渠道供货、直播带货等方式进行产品售卖、实现产品盈利的。

社交新零售商业模式虽然提倡通过团队裂变的方式建立代理商销售渠道，但并不是只招商而不卖产品，相反，其鼓励代理商通过私域营销的方式进行产品销售，减少传统广告的投入，避开与传统产品销售方式的竞争，建立属于自己的粉丝流量池，把产品卖给自己的粉丝，从而实现产品盈利。

2. 招商盈利——赚创业市场的钱

社交新零售商业模式要求企业在通过私域营销的方式售卖产品的同时，要做好代理渠道的招商，通过建立代理商渠道进行产品销售。

代理商需要从企业进货，这时企业就可以通过招商获得招商盈利，赚取创业市场的钱。

3. 团队盈利——赚团队裂变的钱

传统渠道代理商是由企业招募，然后让代理商去销售产品，企业赚取招商的利润，代理商赚取产品销售的利润。

社交新零售商业模式下的代理商招商强调代理商不仅要销售产品、实现产品盈利，还要有自己的代理商分销团队，扶持自己的代理商招募代理商，实现招商裂变，从而形成代理商团队。代理商团队帮助企业进行代理商的招商和培训，从而实现代理商团队数量的不断增加，帮助企业形成更多的代理商团队。企业通过团队盈利，赚取团队裂变的钱。

4. 平台盈利——赚平台化事业部的钱

企业经过代理商团队裂变式的发展，其旗下团队会出现一些优秀的团队长。企业可以把团队长提拔出来，组建成新的运营事业部。事业部下的团队销售产品赚取的利润归事业部所有，事业部再和企业进行项目的分红，事业部的股东就是大团队长，这样团队长就会更加卖力地为企业工作，企业也会获得更多的经济效益，得到长足发展。

通过不断提拔优秀团队长、组建事业部的方式可以帮助企业裂变出更多的运营事业部，形成一个共创共赢的发展性平台。企业建立事业部运营体系，为各个运营事业部进行赋能，从而实现各事业部的长久发展。即使有部分事业部做得不好，平台化的企业也能在总体上取得事业部的盈利。

这就是社交新零售商业模式下的四种常态盈利方式。该商业模式提升了企业的盈利维度，改变了过去企业简单的以产品销售进行盈利的方式，帮助企业建立更多的盈利渠道，使企业可以获取更多的盈利。

三、明确商业模式是企业成功的基础

过去的商业思维以产品为中心，要求我们做好产品，有好的产品就会有好的市场。

但是在今天的社交新零售商业模式下，企业由原来的以产品为中心转变为以团队招商为中心，由原来的以经营企业、经营员工为中心转变为以经营平台为中心。通过扶持代理商团队，以团队招商裂变的方式实现企业代理商销售渠道的倍增，这是社交新零售企业经营的核心。

因此，企业的领导者需要改变过去以产品为中心的商业思维，以招商为中心，把企业经营的工作重点放在招商和团队赋能上，这是做好社交新零售商业模式的基础。

同时，我们需要以打造一流产品的态度去打造运营模式。一家社交新零售商业模式的企业能不能做得起来，关键在于其招商能力的强弱；一家社交新零售商业模式的企业能不能走得更远，关键在于其培训体系的强弱。由此看来，打造企业的代理招商体系和代理商培训体系尤为重要，只有建立起一套完善的代理商招商裂变赋能体系，才能更好地实现企业的长

期发展。

此外，经营社交新零售商业模式的企业所要做的事情不再是经营一家企业，而是经营一个创业平台。企业把好的产品和好的团队裂变体系放在平台之上，邀请创业伙伴在平台上创业，赋能给每一位创业者，帮扶每一位创业者，从而实现平台和创业者的长期发展。

此时，企业的工作重点不再是经营一个产品，也不是经营一个品牌，而是经营一个创业的平台。企业的工作目标是增加平台上代理商的数量，企业每一阶段的工作会议都应围绕代理商数量的增加而开展，企业每一个工作任务的执行都应围绕代理商的招商和培训而进行。

众所周知，一个企业的发展高度，是由领导者的商业思维认知决定的。而一个社交新零售商业模式项目取得成果的大小，是由其操盘的运营人员来决定的。在社交新零售商业模式项目启动之前，要对项目的所有运营人员进行新模式的基本逻辑认知培训，让每一个参与的人员清楚地知道社交新零售商业模式企业的经营方向、工作重点、工作目标和工作方法，从而达到预期效果。

2019年，我曾经接触过一家青岛的企业。该企业是一家生产型企业，在产品研发、产品生产以及技术专利等方面都有很强的竞争力。同时，这家企业已经经营了近20年的时间，是青岛本地的知名企业。

该企业一开始时把社交新零售商业模式当作社交电商来做，招募到了很多之前做电商的伙伴。整个团队有十多人，但没有一个人有团队招商的相关经验。更严重的是，该企业老板之前一直做生产工作，其商业思维始终是产品思维，他始终强调自己的产品优势，从未提及企业的运营机制和奖励制度体系。对于项目的发展，该企业一直认为只要自己提供好产品，代理团队负责销售，就可以把这个项目做好。其实，这是非常错误的思维认知。原因有如下两点。

一是社交新零售商业模式不是电商，也不是线上营销。社交新零售是一种代理商裂变机制，是一种项目合伙人制度，是一种线上线下综合的营销方式。社交新零售商业模式的核心运营在于代理商团队的招商，通过代理商团队裂变出更多的代理商渠道，从而实现企业的销售渠道的裂变，获得更大的产品销售市场。

二是仅通过团队对接很难将社交新零售项目做起来。社交新零售企业首先需要做的是平台化及运营机制体系化的搭建。也就是说，企业首先要做一个行业创业赋能平台，并且在这个平台的基础上搭建好代理奖金制度、团队招商、代理培训、活动运营、私域营销等运营体系。做好基础性的筹备工作，不必在意自身资源的大小，先启动招商，在招商的过程中实现代理商的积累和团队的对接。

上述案例中的企业老板并没有搞清楚社交新零售商业模式到底是怎么一回事，也没有理解社交新零售商业模式背后的底层商业逻辑，所以在人员招聘、营销方向定位、项目定位、工作目标定位上都出现了很大的失误，导致后续工作遭遇诸多阻力，最终使项目夭折。

在现实生活中类似的例子比比皆是，所以，明确社交新零售商业模式是企业成功的基础。

第二节 社交新零售商业模式的典型代表

一、撩开微商的面纱

微商是在 2013 年出现的营销方式,随后火遍大江南北,在护肤品领域和保健品领域大放异彩。很多企业在采用微商的营销方式后,短短一年就取得了几千万甚至过亿元的业绩。

客观来说,微商这种营销方式的确帮助很多企业取得了亮眼的销售业绩,但同时也背负了一些骂名。在懂微商的人眼中,微商是一种极其有利的营销方式,企业可以以最少的投入建立自己的销售渠道,从而带来巨大的业绩回报。在不懂微商的人眼中,做微商等同于"搞传销",认为微商骗代理囤货压货,微商的产品都是三无产品,微商都是骗人的。

很多企业老板心中会有这样的疑问,微商到底是怎么一回事?微商这套商业模式到底行不行?微商还能走多远?

目前,在中国有数万家微商企业,有 5000 多万微商从业者,微商的发展可以说不容小觑。微商的营销模式也是中国市场上的主流营销模式之一。因此,对于微商的营销模式,不管企业是否采用,作为企业老板一定要清楚其底层逻辑。

2013年，我开始接触微商，可以说是最早接触微商的那一批人。2015年，我开始进行微商品牌项目的操盘运营工作。迄今为止，累计为上百家企业提供微商营销模式的咨询和辅导，培训过的微商企业操盘运营人员过千位。我对于微商的商业模式，可以说是非常熟悉，而且对其有着深刻的理解。

根据我对微商的认知，我可以明确告诉大家，微商不是大家所理解的简单的发朋友圈卖货，也不是所谓的线上营销。微商并不是简单的产品销售渠道或者产品分销方式，而是一套符合时代发展的新的商业模式，是社交新零售商业模式的典型代表。

正确理解微商的商业模式，需要从三个方面去分析：一是微商的代理商招商制度，二是微商企业的经营方式，三是微商代理商的经营方式。

二、微商代理商招商制度

1. 微商代理商招商制度的基本运营规则

了解微商代理商招商制度是理解微商企业商业模式的基础。代理商的招商制度既是微商企业招商的基础，也是代理商招募新的代理商的基本规则。代理商招商制度可以简单理解为微商企业的代理商招募及管理的基本规则，这种招商制度和传统行业的经销商制度类似，其中有代理等级之分，也有对代理商门槛和权益的规范。

值得注意的是，微商代理商招商制度与传统经销商制度的不同之处在于，后者往往规定在成为经销商之后，其只能在经销区域进行产品销售，不能进行经销商的招商。而前者的代理商招商制度规定微商代理商既可以零售产品，又可以招募同级代理商、高级代理商或者低级代理商。这就涉及微商代理商在招募到新代理商后需要给予的招商奖励，牵扯到代理商奖励利益分配的很多板块，所以微商代理商招商制度又被称为微商代理商奖金制度。

2. 微商代理商奖金制度的裂变性特点

微商代理商奖金制度和传统的经销商制度最大的不同点在于微商代理商奖金制度的裂变性。关于裂变性特点，我们以最常见的层级微商代理商奖金制度为例进行讲解。

虽然每家代理商的奖金制度有所不同，但大体方向是相同的。目前，层级微商代理商奖金制度是90%的微商企业所采用的奖金制度体系。层级微商代理商奖金制度有一个典型特点，即把代理商分为3～5个等级，每个等级的进货价格不同，级别高，进货价格低，但首批进货量要求高；级别低，进货价格高，但首批进货量要求不高，可能几百元就可以做最低级的代理商。高级别代理商从公司进货后，一方面可以零售卖货，赚取产品的利润差价；另一方面可以招募比其级别低的代理商，把货批发给低级代理商，赚取代理商的批发差价。同时，代理商还可以通过推荐同级别代理商或更高级别的代理商来获得招商推荐奖励，这是微商的代理商奖金制度与传统行业的经销商制度的不同之处。

传统的经销商制度规定在成为经销商之后只需要进行产品或服务的销售，经销商的招商工作全部落在企业身上。然而企业通常宣传能力有限，所以在传统行业，企业一年招到几十或上百个经销商已经是上限了。而在微商企业，每一个代理商都可以招募新的代理商，每一个代理商都是招商的发散点，都可以持续不断地招商，裂变出新的代理商渠道，从而使微商企业一年获得上千乃至更多数量的代理商。正是因为这种招商裂变性，才促使微商代理商团队不断扩大，给企业带来巨大的销售业绩。

3. 微商代理商奖金制度是怎么来的

（1）传统经销商制度的特点。传统行业的经销商制度往往以地域为中心，把经销商层级分为省级经销商、市场经销商和县级经销商。省级经销商可以招募市级经销商，市级经销商可以招募县级经销商。在这个体系之下，省级经销商进货价格最低，可以把货批发给市级经销商，赚取下级经销商进货的差额利润。同样地，市级经销商招募到县级代理商之后，也可以把货批发给县级经销商，赚取差额利润。其基本逻辑是，高级经销商进货价格低，低级经销商进货价格高，低级经销商从高级经销商手里进货，高级经销商把货批发给低级经销商，高级经销商在赚取批发利润的同时也可以零售。

传统经销商模式代理等级的划分往往以地域为标准，这种标准建立在过去的信息传播方式和交通方式的基础之上。之前，因为信息传播方式受限和交通不便，企业想在某一个省份或区域销售好产品，就需要在当地找到有消费者资源和资金实力的商家，将产品交予对方销售。同时，企业希望和省级经销商达成长久的合作，将某省的独家销售权限交给省级经销商。

例如，一家空调企业想在山东省快速进行其品牌空调的销售，传统方式是找到山东省做空调销售比较好的商家进行合作，让其成为山东省省级经销商，全权负责山东省区域内产品的销售和推广。同时，为了保护山东省的省级经销商的权益，企业规定，在山东省的市场区域内只能由被授权的山东省省级经销商进行产品的销售与推广，其他省份的经销商不得将产品销售到山东省，而山东省的省级经销商也不能将产品销售到其他省份，以充分保证每一个省级经销商的独家销售权益。

（2）微商代理商奖金制度产生的根源。微商的代理商奖金制度并不是凭空产生的，也不是某一个聪明的企业家发明出来的，而是传统经销商制度在新的市场环境下演变的结果。在中国传统的商业市场环境和信息传播方式下，传统的经销商模式是行之有效的。但是，随着移动互联网的高速发展、全国交通网络的健全和物流快递行业的发展，我国的商业市场环境已经发生了翻天覆地的变化，产品的销售方式也随之改变，线上的销售方式日趋多样化，并成为主流，这就打破了区域独家销售的限制。

事实上，企业无法保证一个产品只能在某一个省销售，更无法限制这个省的省级经销商把产品销售到其他省份。现如今，线上销售方式多种多样，而且可以进行全国范围的覆盖，这就需要一套新的代理商制度体系去适应当下的商业市场。

而微商的代理商奖金制度就是在这种环境背景下产生的，这种代理制度是传统经销商制度演变的结果。由于市场环境和销售方式的巨大变化，传统经销商制度逐渐打破原来的区域独家代理的规定，代理等级划分不再以区域为标准，而是以进货数量、推荐代理人数、代理销售销量等为标准进行划分。微商代理商奖金制度由此产生。

三、从微商企业的经营方式上理解微商

在了解了微商的代理商奖金制度之后，我们再来了解微商企业的经营

方式，从而更深刻地理解微商这一商业模式。

微商企业之所以有这么多的代理商，是因为其一直在做代理招商的工作，并对招募到的代理商进行相关的营销技能培训，让代理商进行再次招商和产品销售，促使代理商团队不断招商，持续裂变，从而为企业增加更多的代理商经销渠道。

从微商企业的运营工作来看，微商企业不是一家电子商务公司，不是一家品牌推广公司，更不是一家互联网公司，而是一家招商公司和代理培训公司。微商企业通过一对一渠道沟通、自媒体平台引流、线下会议招商、线上付费推广、内容营销等方式进行代理商引流，招募投资几百元到几万元的个人创业者，扶持他们建立自己的销售团队，进行市场推广、代理招商和产品销售，帮助代理商赚钱。

初次经营微商企业的老板，一般会对微商的商业模式有错误的认识，把企业当作一家产品销售公司或者电子商务公司去经营，很容易导致项目失败。微商企业的成功在于其招商能力，在于其代理商培训体系的成功，而并不在于产品一定要多么优秀，广告投入一定要多么强大。

在这几年给微商企业做操盘辅导的过程中，我发现，成功的微商企业的启动资金往往都在30万～50万元，并没有过多的投入。但这些企业老板通常有团队招商经验，其招商能力和团队培训能力很强，所以这类企业做微商相对容易成功。

在了解微商企业的商业模式之后，可以发现对于产品选择，我们只需选择当下火热、质量达标、功效明显的产品即可，不要一味地追求产品的极致，不要把全部精力放在产品上，产品只占项目成功概率的20%，应该把80%的运营精力投入到提升企业的招商能力、培训能力、运营能力和资源整合能力上。当然了，产品过硬的质量还是比较重要的，太差的产品会带来很大负面影响。

四、从微商代理商的营销方式上剖析微商

在了解了微商企业的经营方式之后，我们还要了解目前数以千万计的微商代理商每天都在做什么事情。

赚钱的微商代理商基本上每天都在做4件事情：引流、招代理、培训代理、卖货。微商的代理商是通过线上线下所有的营销渠道去招募自己的销售团队，培训销售团队，进行代理商招商和产品销售。微商并不是微信上赚钱的商人，而是进行代理商招商和产品销售的小微商人，这才是真正的微商。

而我们平常看到的一些微商通过添加微信好友、发朋友圈的方式进行的产品和项目招商宣传，这其实只是微商营销工作中很小的一部分。我们看到微商每天在大量地刷朋友圈，其实并不是一味地宣传产品，而是通过朋友圈的氛围去吸引代理商加入。

除了线上添加微信和朋友圈宣传，微商代理商还会通过一些线下地推活动、线下沙龙、招商会议、线上新媒体引流等形式，招募新的代理商，组建代理商销售团队和进行产品的销售。

我们经常说做生意"零售的永远干不过批发的"，微商的代理商之所以进行招商，并不是像不懂微商的人常说的那样，是为了拉人头、获得返利，而是像品牌公司一样，在组建自己的销售团队。微商代理商希望招募到自己的代理商，组建自己的代理商销售团队，建立销售渠道，实现由单纯的产品销售盈利到产品批发盈利转变，以赚到更多的利润。

通过分析微商代理商的奖金制度，微商企业的经营方式和微商代理商的营销方式，我们可以得出以下几个结论：

（1）微商的营销性质是一种代理商销售渠道裂变的营销模式。微商企业通过招募代理商、培训代理商，让代理商产生再次的招商裂变，从而达到销售渠道倍增的目的，进而完成产品的销售。

（2）微商的商业模式不仅是通过微信卖货、线上营销，还是传统分销招商思维的进一步发展，是传统经销商模式的新演变。

（3）微商企业本质上是一家招商型团队裂变企业，微商代理商是产品销售商，更是产品招商分销者。

企业可以通过微商这一商业模式建立自己的代理商销售团队，进行产品的销售和项目的招商，从而达到企业销售业绩的倍增。

五、微商是社交新零售商业模式的典型代表

社交新零售商业模式讲究以团队裂变的方式做招商，以团队裂变的方式做渠道；以私域营销的方式获取客户流量，以私域营销的方式卖产品、干招商；以平台化的方式经营项目，以平台化的方式经营事业部。

目前，微商的营销方式已经体现出社交新零售商业模式的两个特点，即以团队裂变的方式做招商，以团队裂变的方式做渠道；以私域营销的方式获取客户流量，以私域营销的方式卖产品、做招商。但微商企业的经营还没有上升到以平台化的方式经营项目，以平台化的方式经营事业部。

微商企业的进一步发展应该由简单的企业经营转变为平台化经营，建立共赢共创的行业平台。每一个创业者都可以在平台上进行创业，企业为创业者赋能，帮扶代理商建立盈利体系、招商体系、帮扶体系、动销体系、活动体系和引流体系，帮助每一个创业者获得长远发展，让平台上的每一个创业者赚到钱，使企业获得最终的成功。

从2019年开始，我在给新起盘的微商项目进行辅导和给老项目进行优化时，一直把平台化的思维传递给品牌老板，帮助他们建立平台化经营的商业思维。

事实上，微商模式是社交新零售商业模式的典型代表。

过去，很多人因为对微商的商业模式不理解而对其有一些负面评价，但随着时代的发展，越来越多的企业和普通人逐渐认识微商，微商这种商业模式也得到越来越多的认可和发展，这对企业和个人创业者来说，无疑会带来很大的好处。

2013～2015年可以说是微商发展的黄金期。当时，采用微商进行营销的企业不多，市场处于蓝海期，竞争少，所以很多做微商的企业只用了短短两年的时间就取得了几亿甚至十几亿元规模的回款。这种回款规模对于传统行业来说绝对是惊人的。所以说，企业的商业模式决定了企业的盈利方式和盈利能力，这种模式在当时就是很好的例子。

微商企业之所以能在这么短的时间内取得如此亮眼的销售业绩，并不是说产品的质量、品牌的背书、企业的实力有多么强，关键在于其采用了社交新零售的商业模式，企业的盈利方式和商业模式发生了根本性变化。

具体来说，是改变了传统企业单纯的产品盈利的企业盈利方式，进而转向招商盈利和团队盈利。企业一旦选择了更好的盈利方式，也相对容易取得更好的成绩。这就是为什么在操盘项目中经常会遇到很多"90后"的小姑娘学员，虽然她们的商业经验不足，公司也不大，但是她们一年能取得几亿元的销售业绩，其根本原因在于，她们在2015年前后选择了微商的营销方式，改变了企业的盈利方式，提高了企业的盈利能力。

2018年，我给一家2015年成立的广州的微商企业做辅导，企业老板是一位1993年出生的小姑娘。2018年，该公司做到了回款过亿元的营业额，我参加该公司庆功年会时发现，这家企业旗下的一盒单品在三个月的时间内竟然完成了30万盒的销售量，但让人意想不到的是，整个公司一共就5个运营人员，除了老板，其他4个运营人员都担任老板的助理，负责代理商的沟通、代理商的发货以及宣传内容制作等工作。

为什么一家成立不到3年、运营人员只有5个人的小公司，一年内可以做到过亿的营业额呢？

根本原因就在于这家企业采用的是微商团队裂变的营销方式。名义上，公司只有5个运营人员，但实际上，公司旗下有3万多名代理商，这些代理商都相当于公司的销售人员，并且这些销售人员不需要公司发一分钱的工资。这些销售人员如果需要产品，都要先给公司打货款，再由公司发货，所有代理商一方面帮助公司销售产品，另一方面帮助公司招募新的代理商。随着时间的推移，代理商会越来越多，企业的业绩也必然越来越好。

如今，很多初创企业依然会选择微商的团队分销体系，去起盘新项目，推广新产品，根本原因是这些企业了解微商模式的优势，即投资少，见效快，未来发展前景好。随着运营经验的积累，代理商群体数量不断增加，第1年可能有几百个代理商，第2年可能就有一两万个，第3年可能就变成了三四万个。代理商越来越多，意味着渠道越来越宽，更意味着销售市场越来越大。

基于社交新零售商业模式的微商营销方式有很好的延展性和良好的项目发展前景，这是不少新起盘的企业选择微商模式的根本原因。

第三节　社交新零售的发展历史及火爆原因

从2019年开始，"社交新零售"这个营销词汇开始火爆起来，社交新零售商业模式成为很多企业营销的关注重点，不但创业企业选择这种模式推广新品，而且很多传统企业也陆续转型，开始采用社交新零售商业模式。

今天火爆的社交新零售商业模式到底是怎么发展起来的，又是因为什么出现的？社交新零售商业模式和微商、社交电商之间有什么关联？这些热点问题将是本节探索的重点。

一、社交新零售商业模式的三个重要发展阶段

简单回顾过去,我们会发现,社交新零售商业模式经历了三个比较重要的发展阶段。如图1-3所示。

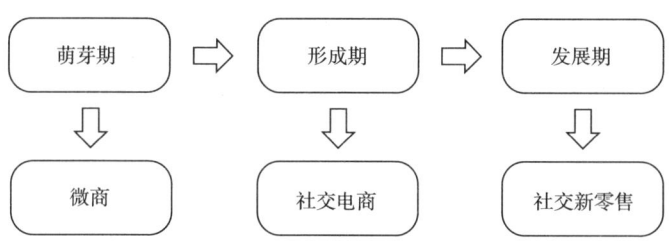

图1-3 社交新零售商业模式的三个发展阶段

1. 萌芽期

2011~2015年,是社交新零售商业模式的萌芽期,主要以微商营销为代表。这一时期主要呈现出如下特点:

(1)产品以化妆品、大健康产品、食品产品为主,主要是面对C端客户的日常消费品。

(2)微商初期主要以初创型企业为主体进行微商营销。2015年之后,其他各大品牌纷纷进行微商营销。

(3)在这一时期形成等级代理商招商裂变体系,企业开始以团队裂变招商的方式建立代理商渠道。

2. 形成期

2015~2019年,是社交新零售商业模式的形成期,主要以社交电商平台为代表。这一时期主要呈现出如下特点:

(1)各大电商平台和知名互联网公司纷纷推出自己的社交电商平台,在电商营销模式的基础上加入会员制营销概念,通过发展平台会员,建立

会员分销团队，从而为平台带来会员注册量以及产品销售业绩。

（2）社交电商概念兴起，传统企业纷纷搭建平台，组建社交电商项目，建立自己的会员裂变体系和合伙人裂变体系。

3. 发展期

2019年至今，是社交新零售商业模式的发展期，主要以社交新零售项目为代表，这种商业模式得到进一步发展和完善。这一时期主要呈现出如下特点：

（1）全国各行业都在提倡新零售，社交新零售已经成为新零售营销的典型代表。

（2）医疗、美容、餐饮、首饰、酒类、培训等行业纷纷采用社交新零售商业模式。

（3）社交新零售商业模式成为传统行业商业模式转型的重要选择之一。

社交新零售商业模式从出现到今天，主要经历了微商、社交电商、社交新零售三个发展阶段。微商、社交电商的发展奠定了社交新零售商业模式基本营销体系的基础，也可以说，微商、社交电商是社交新零售商业模式在不同时间段的典型商业营销形态代表。

有意思的是，在我给企业进行社交新零售商业模式的辅导过程中，很多企业老板经常问我微商和社交新零售的区别。

在我看来，微商和社交新零售二者有区别，但区别并不大。微商是社交新零售的发展基础，社交新零售是微商发展的新阶段。社交新零售和微商相比，前者的操盘运营方式更加专业化、系统化，强调线上线下的结合，借用新媒体力量获取流量，更加强调借用平台的力量建立代理商的创业赋能体系，从而使企业和代理商走向共同发展。而微商阶段，企业老板想的是企业需要更多的代理商，通过代理商去销售产品。

二、为什么会出现社交新零售商业模式

1. 社会基础信息传播方式和交通方式发生变化

过去，因为信息传播方式和交通方式相对落后，企业如果想做好当地的市场，需要找到熟悉本地市场并掌握本地销售渠道的人，让其成为这个地区的独家代理商，这就出现了以地区独家代理为典型代表的传统经销商模式。

今天，由于我国移动互联网的普及和高铁等交通工具的发展，再加上物流速度的加快，企业产品的销售不仅可以依靠本地经销商，还可以通过移动互联网等方式直接进行销售，这就打破了传统以区域独家代理为核心的经销商体系，产生了以个人创业者为核心的代理商体系。

个人创业者的销售范围也不再以本地市场为主，而是通过互联网在全国范围内进行产品销售和代理招商。

2. 企业经营商业思维发生变化

随着时代的变化，很多具有前瞻意识的老板的商业思维已由传统的零售思维和渠道思维，向今天的裂变思维和平台化思维转变。

过去，市场上的产品种类和数量远没有今天这么丰富。由于我国人口数量庞大，需求旺盛，只要有产品就能销售出去，好产品一经问世就会被人们抢购一空。

正是在这种商业氛围下，企业老板产生了以产品为中心的商业思维，认为只要有好的产品，就能够抢占市场，拥有更多的消费者，企业就可以赚到更多的钱。但随着中国社会生产力的发展以及工业生产和科技的进步，在人口总量大体不变的基础上，同类型的产品会加速充斥市场，市场逐渐趋于饱和，好产品也不一定能拥有更多的消费者。因此，"酒香不怕巷子深"的思维模式也应当随之改变。一些企业意识到品牌的重要性，开始打造自己的品牌，建立品牌价值，以品牌优势进行渠道代理商的招商。

渠道代理商越多，企业的出货业绩也就越大。正是在这种背景影响下，市场上产生了"渠道为王"的商业思维。在这一阶段，企业主要的经营方式是发展渠道代理商，通过渠道代理商拓展全国各地的销售渠道。目前，我们经常看到的全国知名品牌或者驰名商标等，都是在这个环境背景下产生的。

但是，社会环境和人们思维方式的快速发展再度迫使人们从"渠道为王"的商业思维向"裂变为王"的商业思维转变。如今，人与人之间的信息沟通变得更加便利，每一个代理商既可以进行产品的销售，同时也可以招募代理商，这就产生了代理商与代理商之间的招商。代理商与代理商之间的招商形成了代理商团队，而代理商团队的裂变使企业拥有更多的代理商团队，进而帮助企业实现更大的销售业绩。

微商企业就是在这种裂变商业思维的影响下产生的。经过近几年的发展，裂变商业思维逐渐渗透到各个行业。企业不仅可以通过产品销售和招商赚钱，还可以通过代理商团队裂变赚钱。

代理商裂变招商后会形成代理商团队。当代理商团队发展壮大之后，企业和代理商之间就会产生更具深度的合作方式，代理商就成为了企业的事业部。此时的企业已经由单纯的经营企业变为经营平台，企业经营的重点不再是单独一家企业，而是建立一个共创共赢的平台，建立代理商赋能体系，扶持每一个代理商事业部的发展。

3. 私域营销成为主要营销方式

移动互联网行业的高速发展极大地促进了新媒体平台和社交软件的发展，每一个个体都能借助新媒体平台或社交软件进行产品的宣传和项目的招商。在这种背景下产生了一种新的营销方式，即私域营销。

私域营销是指通过各大公域平台输出垂直内容，吸引目标粉丝关注，再把目标粉丝转移到个人微信或企业微信，进行粉丝营销，继而在粉丝中筛选并提取目标客户，进行产品销售或项目招商。私域营销方式为个人创业者提供了新的商业宣传渠道，个体创业者可以不再以传统的广告宣传方式进行项目的宣传，而改用以私域营销的方式获取客户。

传统广告宣传方式有一定的资金投入门槛，而私域营销的宣传方式对于个体创业者来说，可以说是零门槛投入。只要学习自媒体营销的方式方法，愿意花时间去做内容输出和粉丝经营，就可以通过移动互联网获取全国范围内的目标客户流量。今天，我们看到的大多数个体创业者获取流量的渠道是自媒体平台。通过自媒体发布垂直领域的重要内容，利用优质的专业内容吸引目标客户群体，从而和目标客户群体建立联系，后期再通过粉丝的经营，实现粉丝的变现。例如，数量庞大的宝妈创业者通过小红书、抖音等App，以内容吸引目标客户群体添加个人微信，后又通过朋友圈和微信进行产品销售，就是典型的私域营销。

私域营销方式的出现为社交新零售商业模式的代理商提供了新的流量获取方式以及新的产品销售和代理招商方式,从而为社交新零售商业模式营销体系奠定了营销基础。

第二章
爆品打造体系

好产品始终是项目成功的基础。

社交新零售商业模式项目选品和传统项目选品需要考虑的因素有所不同，社交新零售企业的盈利方式是多维度的，所以在产品选择上也需要从多维角度去考虑。

在企业的招商过程中，产品背书起到非常重要的作用，良好的产品背书可以对项目的招商起到非常大的促进作用。因此，做好社交新零售商业模式项目，既要选择合适且质量过硬的产品，又要打造强有力的产品背书。

本章通过讲解产品的选品因素和产品背书的打造方法，帮助社交新零售商业模式企业更好地打造产品体系。

第一节 什么样的产品适合做社交新零售

一、影响社交新零售商业模式选品的核心要素

关于社交新零售商业模式项目的选品，企业一般会存在以下两种情况：第一种情况是，企业一直在做这个产品，这个产品适不适合采用社交新零售的商业模式；第二种情况是，企业想通过社交新零售商业模式创业，考虑选择哪种合适的产品起盘。一般来说，以下三种因素决定了企业的产品选择。

1. 社会需求

"先有社会需求群体，后有满足需求产品。"这是项目选品的一个基本逻辑。简单来说，就是社会上先存在需求群体，然后选择满足这种需求的产品，社交新零售商业模式选品的基本规律同样如此。

在传统的商业模式中，企业基于目标客户定位产品的细分市场，满足市场需求，解决消费者的痛点，设定消费者可以接受的市场价格，宣传可以满足消费者需求的产品卖点，再进行传统消费市场的产品推广。

但社交新零售商业模式和传统的商业模式有着本质的区别。传统的商

业模式是以产品为中心，以产品竞争取得市场，所以企业考虑的是产品销售，企业的客户也就是单一的产品消费者。而社交新零售商业模式并不以产品为中心，而是以平台化项目为中心。采用社交新零售商业模式的企业，其目的是搭建创业者共创共赢的平台，企业赋能每一位创业者和代理商，通过私域营销的方式裂变、拓展更多的代理商渠道，从而增加产品销量，实现与代理商伙伴的共赢。

我们必须明确一个基本的规则：对于传统商业模式来说，企业的目标客户是消费者；但对于社交新零售商业模式来说，企业的目标客户则变成了代理商。因此，在考虑社交新零售商业模式项目选品因素时，不仅要从产品消费者方向考虑，还要从产品代理商方向考虑。换句话说，我们手里的产品不仅要满足消费者的消费需求，还要满足代理商的盈利需求。

2.盈利方式

除了满足社会需求，在选品时，我们还要考虑社交新零售商业模式的四种盈利方式，即产品盈利、招商盈利、团队盈利和平台化盈利。

基于这四种盈利方式，我们应该考虑其所对应的目标人群。简单来说，产品盈利所对应的目标人群是消费人群，招商盈利所对应的目标人群是创业人群，团队盈利所对应的目标人群是团队裂变人群，平台化盈利所对应的目标人群是事业合作伙伴。

（1）基于消费人群，企业老板选择的产品需要满足消费者的需求。消费者一般是买来自己用，或分享给家人和朋友用，这就要求产品的功效、价格、宣传卖点匹配和满足消费人群的需求。

（2）基于创业人群，企业老板选择的产品需要满足创业人群的需求。社交新零售商业模式项目在进行招商时，经常遇到的创业者人群有以下几种：宝妈、网络兼职者、实体店老板、中低收入者、产品同行批发者、同客群异业联盟、产品消费者用户和拥有一定粉丝量的 IP 人物。基于以上人群的属性，企业老板要考虑自己的产品能否吸引这些创业者群体成为代理商。

（3）基于团队裂变人群，企业老板选择的产品需要满足团队裂变人群的需求。社交新零售项目属于团队裂变型招商项目，在团队裂变过程中，直销、保险、微商、美业这四类从业人员是社交新零售商业模式代理商团队的核心成员。从 2016 年至今，我累计辅导了 200 多家社交新零售商业模式企业。在这些企业团队中，以上四种人群构成了项目团队长的中坚力量。因此，企业老板在选择社交新零售商业模式项目的产品时，必须要考虑产品是否可以吸引这四种人群的加入。

（4）基于事业合作伙伴人群，企业老板选择的产品需要满足事业合作伙伴的需求。在社交新零售商业模式项目中，企业在招募代理商、培养代理团队的同时，也要以平台化的经营思想，建立新的事业部。此时，企业老板就要考虑自己的产品是否能吸引别人加入，一起成立新的事业部。

常见的合作事业部的伙伴有：愿意投资做分公司的创业者、公司核心运营人员、代理商团队长。针对这些人群，企业在选品时，要考虑产品是否能够吸引这些群体加入，以成立新的事业部，然后一起去招募代理商、培训团队和开拓市场。

因此，企业在选品时，必须尽量结合产品消费人群、创业人群、团队裂变人群和事业合作伙伴人群的需求和兴趣点，才能选出一个优秀的起盘产品。

3. 企业资源

一个项目的选品核心影响因素，除了社会需求、盈利方式，最重要的就是企业自身的资源。

众所周知，每家企业的经销商资源和企业老板的资源是不同的，所以产品选择的影响因素也不同。企业老板在选品的时候，一定不要看到别人做某一个类型产品做得非常好，自己也跟着去做，否则就会走向误区。别人做得好，是因为手里有匹配的代理商资源，而自己手里没有匹配的代理商资源，这样就很难做起来。

因此，产品选择要考虑每家企业的资源情况。曾经有一个河南的社交新零售操盘辅导客户，之前做减肥产品的代理商，打算自己起盘。当时，这位客户找了广州一家微商代运营公司，代运营公司建议他做护肤品，结果在起盘之后，他的核心代理商手里并没有护肤品消费者资源，从而导致代理商拿了货之后，根本卖不出去，招商也受到了影响。操作了半年后，他通过朋友介绍找到了我。在了解了他的基本情况之后，我建议他出一个减肥类的新产品，这个减肥类产品和他之前做代理的产品相比，一定要有产品竞争优势。他按照我的要求出了一款减肥贴，使用效果非常好，并且不用口服，使用起来更加安全。结果第一批货三天内就被代理商一抢而空，并且代理商的货在很短的时间也全部卖完，快速打入了消费市场。能够取得这样的成绩，主要是因为他的代理商手里拥有大量的减肥消费者，而不是护肤品消费者。

2019年，我在上海辅导了一家在滋补品行业做了8年的企业。企业老板找到我，希望起盘燕窝产品。在了解完他的商业经验和资源之后，我建议他不要做燕窝，而应该选择一款燕窝的替代品，并且这个替代品是他原有的产品品类都没有的。他听从了我的建议，选择了一款即食鱼胶产品，在包装里加了自加热包，一拉绳子即可加热，属于行业创新产品。

结果在项目起盘之后，一个星期就招募到了一级代理商300个，二级代理商1000多个。这家企业之所以取得这样的成功，是因为在过去8年，老板积累了大量的滋补品行业上游和下游的企业资源，选择的产品也是之前这个行业所没有的。因此，上游客户和下游客户都争着做代理商。他的代理商很多都是做滋补品行业的，行业经验非常丰富，其中有一位代理商，帮他招募到的代理商数量占总代理商数量的40%。设想一下，如果当时他起盘的是燕窝，他的代理商招商速度一定没有这么快。由此可见，企业老板在选品的时候，务必要根据企业的资源去匹配选品，而不要轻易跟风。

二、社交新零售产品必须满足四大特性

1. 产品有足够的利润空间

社交新零售商业模式项目的产品需要招募代理商，企业老板需要为产品设计代理商奖金制度，这就要求产品要有足够的利润空间以进行利润的

分配，从而刺激代理商的团队裂变。

2. 产品可实现批量化销售

采用社交新零售商业模式项目的产品，会被很多个代理商在同一时间卖出去，这就要求产品可以实现批量化销售，而且不能在一定时间内有销售数量的限制。

3. 代理商可直接分销相关产品或服务

社交新零售商业模式项目的相关产品或服务，更多的是依靠代理商进行产品的销售。这就要求产品能够做到，普通的个体创业者经过简单的产品培训后就可以销售出去，不需要有太多的专业技能。

4. 可找到事业合伙人，建立新的事业部

当代理商团队发展壮大之后，就需要在团队中提拔优秀的团队长，组成公司新的事业部。这既要求产品具备足够的吸引力，同时产品或服务还能够以分公司的形式独立开展营销业务。

另外，在选品的过程中，一定要注意，不要看到别的企业某个产品做得非常火，就去跟风选择类似的产品。别人做得火，不一定你做就能火，别人做得成功，在于别人的招商体系、培训体系、营销体系、运营体系、团队基础等各种因素都十分完备。而你手里却只有产品，没有运营体系、团队基础和招商能力，就算再好的产品在你手里，也不一定能做火。

由此看来，做社交新零售项目不能只看产品。产品只是基础条件，背后的营销体系才是取得成功的核心。

第二节　社交新零售市场的热门产品

目前，越来越多的行业开始采用社交新零售商业模式，其中大众消费品在社交新零售营销市场属于热门产品。

一、热销产品的种类

根据我多年的实操经验，在我国社交新零售营销市场火热的产品有以下品类。

减肥类产品：减肥饼干、排油丸、减肥贴、减肥奶茶、减肥糖果、代餐粉、瘦瘦包。

护肤品：提拉紧致喷雾、医疗面膜、精华、水乳、面霜、眼霜。

母婴用品：纸尿裤、儿童奶粉、产后修复、辅食。

私护日用：凝胶、洗液、卫生巾、洗衣用品。

养生保健：胶原蛋白、小分子肽、燕窝鱼胶、植物复合果饮、乳铁蛋白、学生奶粉、中老年奶粉、酵素。

中医药类产品：膏贴、液体膏药、益母膏、艾灸贴、家用艾灸、阿胶。

二、常见热门产品的特性

1. 产品偏向于女性人群

社交新零售行业大多数代理商是女性人群，所以产品越偏向于女性市场，越容易被女性代理商所选择。

2. 产品的动销率和复购率高

产品动销率和复购率越高，越有利于被代理商产品动销，且越有利于被代理商所选择。

3. 产品是日常消费品

通常来说，日常消费品意味着有更大的市场空间，消费者需求越大，越有利于吸引代理商。

4. 产品属于刚需且解决用户痛点

产品为消费者刚需，且解决消费者痛点，这类产品非常好卖，并且容易产生持久的复购率。消费者之间也会进行产品的转介绍。

5. 效果立竿见影

效果立竿见影的产品，一般来说都能做得非常不错。像减肥类的产品、排油类的产品，还有一些功效性护肤品，在微商市场大多做得非常好。

6. 必须是标准化产品

标准化产品是指每一个代理商销售的产品都是标准化的，并不会因为消费者的个性需求去定制产品。标准化产品有利于团队的裂变和参与销售。如果一个产品是非标准化的，在销售过程中会遇到各种问题，这将不利于产品销售和团队裂变。

第三节　产品或品牌背书常见的打造方式

一个新产品或品牌推向市场，希望取得消费者和代理商的信任，最好的方式之一，就是为产品或品牌进行强大的背书。

一、产品或品牌背书常见的方式

打造产品或者品牌的信任背书有很多种方式，在社交新零售商业模式下，常见的产品或品牌的背书方式有以下五种。

1. 霸屏推广

通过网络霸屏推广公司，在新闻软文、论坛贴吧、分类信息、口碑问答、品牌百科等渠道发布产品或品牌的正向信息，从而被百度、360、搜狗等搜索引擎所收录。当有人在搜索引擎上搜索产品或品牌相关信息时，就会搜到产品或品牌的大量正面信息，从而建立产品或品牌的信任背书。

产品或品牌霸屏推广工作，目前在社交新零售市场已经成为企业打造产品或品牌背书的标配。基本上每家企业在正式对外公开招商之前，都会做好产品或品牌的霸屏推广工作。

2. 产品质量承保背书

细心的朋友可能注意到，在一些产品的包装盒上，会看到"本产品由中国人民保险承保"或"太平洋保险承保"等字样，这就是产品质量承保。承保信息可以印刷在产品包装盒、手提袋、包装箱、门店店头上，此法有利于产品快速取得消费者的信任。

3. 美国 FDA 认证

FDA 是美国食品药物管理局（U.S. Food and Drug Administration）的英文缩写，该机构是国际医疗审核权威机构，由美国国会即联邦政府授权，是专门从事食品与药品管理的执法机关。通过 FDA 认证的食品、药品、化妆品和医疗器具，是确保对人体是安全而有效的，所以经过 FDA 认证的产品更有利于取得消费者的信任。

除了 FDA 认证，常见的还有美国营养学会（ANCI）认证、欧盟（CE）认证等，这些认证都是取得消费者信任的方式。这种认证其实并不复杂，目前在国内，有很多专门的认证代理机构。

4. 权威电视广告

新品牌可以通过央视、卫视等权威电视广告进行产品的背书打造。社交新零售行业品牌的央视、卫视电视广告和传统的电视广告有所不同。传统的电视广告是为了宣传品牌，覆盖更多的消费者，抢占市场宣传份额。而社交新零售企业的品牌做电视广告，目的并不是宣传品牌，而是通过电视广告这种形式建立产品在代理商心中的背书。由此，社交新零售品牌在投放电视广告时，往往会选择在一些电视台广告播放最便宜的时段进行广告投放。

目前，国内已经有很多家公司专门为企业提供电视广告等相关服务。一般来说，在电视台广告费用较低的时段投放广告，费用也就几万元，广告成本相对来说比较低。

5.明星剧照、翻包视频、明星祝福视频

明星代言价格一般比较高，但是有一种价格相对便宜的操作方法，就是取得明星影视剧照版权授权。也就是说，拍影视剧的公司将剧照使用权授权给企业，企业可以把剧照放在产品包装盒上，从而增加产品背书。

另外，明星翻包视频，即明星拿着产品进行口播推荐；明星祝福视频，即企业新品上市或者企业做商业活动时明星的祝福，这些都可以增加产品背书。

除了以上几种常见的新品背书方式，权威专家背书、飞机高铁车身广告背书、品牌诚信认证等，也是打造产品或品牌背书的常用方式。

二、产品或品牌背书的作用

1.有利于代理商招商

采用社交新零售商业模式的企业的运营重点，在于团队招商和团队培训。可以说，一个具备强大背书能力的产品或者品牌，对于代理商的招商非常重要。企业进行背书，有利于产品或品牌取得代理商的信任，达成与代理商的合作。例如，一个品牌在卫视进行广告投放，代理商在朋友圈宣传时，就可以把卫视广告作为宣传素材，更容易让关注者对品牌产生信任，同时也有利于代理商招募新的代理商。

2.有利于快速取得消费者的信任

消费者在刚开始选择一个新产品时，对于产品的作用和疗效是不清晰的。此时，不能只用产品的功效去吸引消费者购买，还需要通过产品的强大背书去吸引消费者下单。比如，某款产品找保险公司做了产品质量承保，那么该产品的质量在消费者心中就是有保障的，更容易让消费者产生购买行为。

当消费者在网上搜索这个品牌时，如果企业提前做了品牌背书霸屏推广，消费者就可以在网上看到品牌的很多相关信息，而且都是正面的报道，这样就能快速在消费者心中建立起对品牌的信任。

综上所述，强大的产品或品牌背书是影响消费者和代理商选择的关键性因素。

第三章
活动方案体系

在社交新零售项目运营过程中，除了日常招商工作，团队营销裂变活动必不可少。大家经常看到的节假日动销活动、定期举办的代理商团队PK活动、会议现场举办的优惠活动，都是常见的团队营销活动。

值得注意的是，大大小小的各种营销活动并不是随意开展的，而是企业根据活动方案体系科学设计出来的。

第一节　代理商营销活动方案设计技巧

一、代理商营销活动方案的重要性

1. 团队营销活动是团队招商裂变的催化剂

采用社交新零售商业模式的项目，在推动代理商团队裂变的核心因素中，营销裂变是非常重要的组成部分。

代理商团队的裂变依靠团队培训和团队招商裂变执行，其中团队营销活动是团队裂变的催化剂，对团队裂变和产品动销有非常重要的催化作用。

2. 团队营销活动是代理商日常运营的基本构成

在团队招商的过程中，企业或品牌方一方面要帮扶团队执行团队招商裂变体系，促进团队的裂变，另一方面要根据团队运营的进展情况设计不同目标的团队营销活动方案，促进代理商团队的团队裂变和产品的动销。

二、设计代理商营销活动方案

1. 明确本次活动目标

在设计代理商营销活动方案时，首先应该明确本次活动方案的目的是什么？是促进团队裂变，还是促进产品销售，还是促进团队拉新吸粉？

一般来说，营销活动方案设计的目标主要有五个，分别是：促进代理商产品动销、促进代理商低级升高级、促进代理商平级推荐、促进高级代理商补货和促进代理商拉新。

很多公司搞的活动全部是搞动销活动，这种做法其实是错误的。企业应根据代理商团队运营的发展状况选择合适的活动目标和活动方案。

当底层代理商手里有很多的产品时，可以做产品的动销活动；当遇到"双11"这种全国性优惠日时，也可以搞动销活动。但是，如果一个项目顶层代理商很多，底层代理商很少，就需要去做代理商的拉新招商活动；当同级别代理商很少时，就需要做代理商的平级推荐活动；当底层代理商很多，高层代理商少时，就需要做代理商的低级升高级活动；当高级代理商手里没有多少产品时，则需要给高级代理商做补货活动。

企业在明确活动目标之后，接下来就要考虑在哪种场景下执行活动方案。

2. 确定活动方案执行场景

活动方案执行场景，是指在什么时间或者在什么场景下去执行这个活动。比如，我们经常看到的一些活动，像节假日活动、周活动、月活动、季度活动等，都属于以时间为节点的活动。除了以时间为节点的活动，还有一些以场景为节点的活动。例如，团队PK活动、会议现场活动、群裂变活动等。

企业在明确了活动目标之后，接下来就要考虑在哪种场景下执行这个活动，搞清楚是以时间为节点，还是以场景为节点。

3. 匹配合适的活动方案类型

在明确了本次活动目标、活动方案执行场景之后,接下来就要匹配相对应的活动方案了。

活动方案有很多种,务必要选择合适的方案去匹配,这样才能取得好的效果。

我们在选择活动方案时,应该尽量考虑公司和团队的自身情况,不能一味地去模仿其他企业,这种做法风险较大,不仅起不到促进团队裂变的作用,可能还会有反作用。

至于活动方案的来源,通常有两个:一个是通过平时的学习和总结,收集一系列的方案,另一个是收集其他公司的活动方案,作为活动案例库,等到搞活动的时候,再结合公司实际情况进行修改调整。

4. 确定营销活动方案设计负责人

一个活动方案的流程确定了之后,接下来还要确定活动方案负责人。

之前的社交新零售商业模式项目运营团队组成中提到了运营团队的六大职能,其中一个职能就是活动运营。

活动运营必须由专门的人负责,这个人可以是员工,也可以是项目股东,但一定得是懂得操盘的核心运营人员,其主要工作就是依照营销活动设计的流程,根据代理团队的运营状况,设计月度活动、季度活动、节假日活动、团队PK活动、线下成交活动等。

5. 活动方案设计的基本原则

在设计营销活动方案时有一个基本原则就是,所有的方案是围绕代理商去设计,而不是围绕品牌方(企业)去设计的。

那么，如何理解这句话呢？最直接的理解就是，做营销活动时，活动执行的主体是代理商，活动成本由代理商承担，而不是由企业承担，因此，在测算活动利润空间以及活动成本时，不能以企业的成本为主，而应以代理商的成本为主。

另外，针对"什么时间设计活动方案更合适"这个问题，我认为，企业在召开每个季度的季度工作规划会议时就要讨论下个季度要执行什么样的活动方案，并且在这个会议上设计出活动方案的执行步骤。只有这样，企业才能设计好每一次的代理商营销活动方案。

下一节是团队运营中常见的活动方案，企业或品牌方在设计活动方案时可以借鉴参考。

第二节　常见活动方案参考案例

在选择活动方案时，一定要先确定活动目标，再根据活动目标去选择合适的方案。下面，我们来看几种较为常见活动的方案。

一、以产品动销为目标

1. 满减

举例：消费满100元立减20元；买3件物品立减30元。

2. 买（××）赠（××）

举例：买（××）送（××）小样；买（××）送打折券/优惠券。

3. 打折促销

举例：花 300 元买 500 元商品；满 300 元享受 7 折优惠。

4. 超值促销

举例：几款价值 30 元以上的货品以 9.9 元的价格参加促销。

5. 买产品抽奖

举例：消费满 300 元可获得一次抽奖机会。

二、以低级代理商升高级代理商为目标

1. 差额补货升级

举例：在会议现场或节假日期间，四级代理商一次性补货达到一定门槛，可以升级为三级代理商。

2. 半门槛补货升级

举例：一级代理商原门槛是拿货 10 箱，前 100 名加入的代理商补货 5 箱即可升级为一级代理商。

3. 累积进货达标升级

举例：代理商进货，进货数量累计达到三级代理商要求的数量，自动升为三级代理商，享受三级代理商权益；进货数量累计达到二级代理商要求的数量，自动升为二级代理商，享受二级代理商权益。

三、以代理商平级推荐为目标

1. 平推人数达标，零门槛升级

举例：活动期内，平级直接推荐同级别代理商 3 人，下个月可以升级

为高一级别代理商。

2. 在一定时间内平级推荐代理商获得额外奖励

举例：活动期内，平级直接推荐代理商 3 人，奖励 5000 元（旅游基金）；平级推荐代理商 5 人，奖励 10000 元（家庭教育基金）。

3. 完成代理商平级推荐人数，给予出货返利

举例：直推代理商 3 人，获得培育管理奖励，被推荐代理商每进 1 盒货，给予推荐者出货返利 3 元。

四、以促进高级代理商补货为目标

1. 补货赠送产品／礼品

举例：会议现场补货，赠送价值 1 万元的产品或礼品。

2. 本季度补货达标，赠送邮轮旅游一次

举例：事业部本季度团队补货达 100 万元，赠送邮轮旅游一次。

五、以促进消费者成为代理商为目标

1. 消费达标成为会员

举例：一次性消费满 600 元，成为会员，享受会员折扣。

2. 购买指定产品成为会员

举例：购买 398 元大礼包，直接成为会员。

3. 累计消费产品满 ×× 元升级为会员

举例：消费者在平台上累计消费满 500 元，获得会员资格。

4. 购买产品 +1 元成为会员

举例：购买指定产品，额外支付 1 元，可成为会员。

5. 拉人拼团成功成为会员

举例：发起拼团，10人拼团成功，直接成为会员。

总之，活动方案种类很多，企业可根据自身情况灵活选择。

第四章
私域营销体系

时代在变化，商业逻辑也在变化。今天，商业竞争不再是传统意义上的产品竞争和品牌竞争，而是变成了流量的竞争。

在互联网时代，流量就是企业的生命线，能持续获取大量流量，企业就能存活，就能发展壮大；不能持续获取流量，企业就会失去市场，效益下滑，甚至面临生死存亡的问题。

在社交新零售商业模式下，私域营销体系主要用于教会企业和代理商，通过私域营销的方式建立获取流量的持久性渠道。

第一节　流量是企业的核心竞争力

一切商业活动的本质是流量。

今天的商业竞争，表面上看起来是品牌和产品的竞争，背后其实是企业与企业之间流量获取能力的竞争。大家要明白一个道理，如今，没有哪个行业是真正的蓝海，聪明的人很多，就算暂时出现一个细分领域的机会，一旦产品成功上市，马上就有人跟进模仿，并迅速开工生产，而且模仿者的成本更低，且售价更低。

流量获取能力强的企业，能够获得更多的消费者和合作伙伴，而流量获取能力弱的企业则会在市场竞争中被淘汰。

这里强调一点，无论采取哪种商业模式，企业都应该重视产品质量和用户体验，但一个残酷的现实是，好产品不一定能赚到钱，但流量大的企业赚钱相对容易得多。

对于社交新零售商业模式来说也是如此。流量既是企业的生命线，又是代理商的生命线，企业的发展和团队的裂变都离不开流量。

社交新零售商业模式中有三个核心关键点：第一，团队裂变，即以团队裂变的方式做招商，以团队裂变的方式做团队；第二，私域营销，就是以私域营销的方式获取客户流量，以私域营销的方式卖产品和做招商；第三，平台化经营，即以平台化的方式经营项目，以平台化的方式经营事业部。

其中，私域营销就是教会企业和代理商获取流量的方式方法。在移动互联网时代，私域营销是社交新零售商业模式下最有效的流量获取方法。

私域营销可分为四个流程化的执行板块，分别是公域流量吸粉系统、个人商务IP打造系统、私域流量池经营系统、合伙人裂变系统。如图4-1所示。

公域流量吸粉系统 ⇒ 个人商务IP打造系统 ⇒ 私域流量池经营系统 ⇒ 合伙人裂变系统

图4-1　私域营销的四大执行板块

私域营销的四大执行板块，每一个系统都有很多细节，如果执行到位，就能够帮助企业和代理商建立私域营销体系，掌握流量获取的有效方法，提升企业和代理商的流量获取能力，实现预期业绩目标。

第二节　利用公域流量吸粉系统快速吸粉

一、公域流量吸粉系统的定义

公域流量吸粉系统，是指通过公域流量平台获取目标粉丝人群的执行方法，是私域营销的第一步。

　　从代理商角度来说，公域流量吸粉主要有两个方向：一是代理商个人原有资源粉丝，二是自媒体平台粉丝。其中，代理商个人原有资源粉丝，可以是代理商的人脉关系人群、代理商的商业资源，也可以是代理商的原有消费者。凡是一切不需要通过自媒体平台做内容输出得到的粉丝人群，都可以被称为代理商个人原有的资源粉丝。自媒体平台粉丝，是指通过自媒体平台内容运营，输出垂直领域目标客户群体感兴趣的内容方式吸引到的目标客户和粉丝。很显然，自媒体平台的粉丝需要代理商通过运营自媒体平台获取陌生群体粉丝，再通过内容转化进行筛选，并将其变成消费者或合作伙伴。

二、代理商原有资源粉丝获取方式

　　新进入团队的代理商在开始进行产品销售和团队招商时，通常没有客户资源和流量，或者说客户资源和流量很少。企业不能一开始就要求代理商通过公域自媒体平台获取流量，而是要根据其个人资源进行梳理，寻找意向客户渠道或意向代理商渠道。

　　那么，一个没有任何商业经验的新人代理商应该如何梳理自己的个人资源呢？可以通过以下两个步骤去实现。

1. 资源梳理

　　代理商可以通过资源名单梳理的方式列出自己的资源渠道名单。具体做法是，准备几张 A4 纸，把一切能想到的人或者渠道全部写下来。名单梳理得越多越好，名单上的资源名单可以从几个方向去考虑：人脉资源、商业资源、门店到店顾客、平常促销营销活动吸粉资源、电商下单客户资源等。

2. 一对一沟通

名单梳理好之后，通过线上和线下的方式，与名单上的人员一对一沟通。针对有意向的合作者，及时把对方添加到个人微信号上，放到自己的私域流量池里。之后再通过客户跟踪、营销活动等方式，促使粉丝和消费者的成交和裂变。

三、公域自媒体平台粉丝获取方式

流量获取一直是营销工作不变的主题。今天，移动互联网时代的主要信息传播平台是自媒体平台，代理商要想通过公域流量系统获取流量，自然应该把注意力放到自媒体平台上，再把粉丝导入私域流量池。

1. 自媒体平台推荐机制

大多数自媒体平台的内容传播采用的是兴趣推荐机制。从普通自媒体平台注册用户来说，你浏览什么样的内容，平台就会推送给你相类似的内容；对于自媒体运营者来说，只要你持续输出垂直领域的内容，平台就会把这个内容推送给对这个内容感兴趣的人群。

从商业角度来说，自媒体平台的兴趣推荐机制给企业的商业宣传提供了一个非常好的媒介工具，而且这个机制不需要你花一分钱的广告费，只要你输出的内容对目标人群来说是有价值的即可。读者的转评点赞越多，平台的推荐就会越多。

因此，自媒体平台运营的核心是持续输出目标客户群体感兴趣的内容，吸引目标客户群体的关注，从而达到吸粉引流的目的。

2. 运营好自媒体平台

做好自媒体平台的运营工作有两个着重方向：一是自媒体平台的选择。众所周知，目前自媒体平台很多，但每家平台的调性不同，使用的人群也不同。要尽量选择与目标客户粉丝人群匹配的平台，也就是说你选择的自媒体平台上聚集了大多数目标客户群体；二是内容输出。要输出目标客户群体感兴趣的垂直领域的内容，吸引目标客户群体关注。

3. 自媒体平台的选择

如何经营好一个自媒体账号，这是很多私域营销的营销者经常提到的一个问题。今天的自媒体平台非常多，除了我们经常用的抖音、快手、小红书、今日头条等自媒体平台之外，还有成百上千个不知名的自媒体平台。每家自媒体平台都有各自的特点及运营规则，面对这么多的自媒体平台，我们应该如何选择呢？

首先，自媒体运营能否成功不是由所谓的技巧决定的，而是由输出的内容决定的。不论哪家自媒体平台，都需要内容输出。只要你输出的内容是目标客户感兴趣的，在平台推荐机制的加持下，坚持输出，就会积累一定数量的目标客户群体粉丝。

虽然说每家自媒体平台的推荐机制可能有所不同，但核心推荐机制差别不会太大。作为自媒体人，一方面要了解平台规则，另一方面还得看你的内容是否有价值。

目前，自媒体的输出内容形态分为视频类、文字类、图片类和语音类。

从单个自媒体平台来说，每个平台都有各自的侧重点，有的自媒体平台既有视频类内容，也有文字类内容和语音类内容，比如今日头条就是一家综合性自媒体平台。

视频类自媒体平台又可分为短视频平台和长视频平台，前者有抖音、快手、小红书、视频号等；后者有优酷视频、腾讯视频、爱奇艺视频、西瓜视频等；文字类自媒体平台，常见的有今日头条、新浪微博、知乎、搜狐号、百家号等；课程类自媒体平台，主要有荔枝微课、千聊；语音类自媒体平台，主要有喜马拉雅、蜻蜓FM。具体选择哪个自媒体平台需要结合内容的需要和平台的特色综合考虑。

4.常见自媒体平台引流方法

对社交新零售商业模式下的代理商来说，除了要了解当前主流的自媒体平台外，还得搞清楚这些平台是如何引流的。下面我归纳总结的常见自媒体平台的引流方法，供大家参考。

方法一：知乎问答引流

知乎是知识阅读方面比较知名的自媒体平台，其中有一个板块叫作知乎问答。

知乎问答主要由两方面组成，一是提问，二是回答。提问的人往往是对某个问题感兴趣的人，针对这个问题我们可以去认真回答，只要回答的内容专业、有用或有趣，就会吸引提问题的人，同时也会吸引对这个问题感兴趣的围观者，从而达到吸粉引流的效果。

操作步骤：

第一步：根据你所处的行业服务或产品，搜索行业关键词，寻找行业常见问题。

第二步：对行业问题进行有针对性的回答，内容尽量都是干货，在实战操作中做到行之有效，使提问人和其他阅读者真正从解答中受益。

第三步：在答案的结尾处留下赠送行业资料的信息，从而吸引阅读者通过私信的方式联系你，再添加微信号进行引流。

回答内容主要由三个板块构成：第一，自我介绍，侧重资深行业经验，建立信任背书；第二，针对问题进行专业性回答，产生认同吸引；第三，结尾处免费赠送阅读者感兴趣的行业参考资料，引导阅读者关注账号，私聊，吸引其添加个人微信号。

当然了，知乎引流不是说回答一两个问题就会有效。凡事需要积累，量变积累到一定程度才能实现质变。我的建议是，一个知乎账号应该定下一个内容输出目标——100个优质问答+100篇行业解决方案文章+100条干货视频。只要一个知乎账号完成以上的发文目标，就可以长久的，甚至是每天获得目标客户精准流量。

方法二：短视频引流

目前，移动互联网进入5G时代，视频营销变成营销的主流方式之一。其中，短视频营销在企业营销过程中，也变得异常火热。

时至今日，还有企业老板在问我，要不要做短视频营销，现在已经不是要不要做的问题，而是如何做好的问题。5G时代的信息传播方式已由原来的文字、图片和语音发展到今天的视频。要想做好自媒体，获取公域流量，一定要掌握视频制作和输出的方法。

操作步骤：

第一步：寻找对标账号，即找一些和你的目标粉丝群体相同的账号，参考对标账号输出的内容。

第二步：筛选出目标粉丝群体感兴趣的关键词，根据关键词进行内容制作。视频拍摄内容形式不限，但内容一定是目标客户感兴趣的内容，比如，干货口播输出、垂直行业 Vlog 输出等。

第三步：把视频内容制作好之后，同步到抖音、快手、小红书、视频号等平台，实现短视频矩阵化营销。

方法三：今日头条微头条引流

今日头条是大家熟知的自媒体平台。目前，今日头条在中国大陆有数亿用户，在该平台上有一个板块叫微头条，微头条对内容的要求不高，基本上有几十到一两百字即可，但是微头条的推荐量很大，只要你发布的微头条内容符合系统的推荐标准，就会给你几千甚至几十万的推荐量，这非常方便文案撰写能力差的人发布内容。而且，一个账号每天可发布多条微头条内容，每条内容都会推送给对你的内容感兴趣的今日头条注册用户，从而给你带来目标客户和粉丝群体。

我曾经发布过一条关于白酒社交新零售商业模式项目操盘的微头条动态。文字有 300 多字，并且配了 9 张图片。两天内，这条微头条动态被推荐给 2 万多用户浏览，通过后台私聊，想要添加我微信的粉丝就有 50 多人，而且这 50 多人都是做白酒的老板。对我来说，他们是非常精准的粉丝人群，是我的目标客户群体。

操作步骤：

第一步：注册一个今日头条的账号。每天在今日头条上发布 3～5 条微头条动态，尽量不要发广告，要发布行业价值信息或工作垂直动态，从而吸引目标粉丝人群关注。

第二步：引导目标粉丝私聊，通过私聊，发送个人微信号，让对方添加，从而引流到个人微信号上。

方法四：小红书引流

小红书是知名的自媒体平台，目前主要的注册用户为女性。针对女性人群的吸粉引流，小红书可以说是非常好用的工具。小红书的内容发布可以是图片配文字，也可以是短视频。一旦出现爆文，引流效果相当不错。

操作步骤：

第一步：注册一个小红书账号，先寻找5个与你的产品和服务相似的小红书账号，进行学习和模仿。

第二步：进行小红书内容的创作，可以是图片配文字，也可以是短视频，但是内容一定是目标粉丝群体感兴趣的，这样才能吸引目标粉丝群体关注。

封面的制作一定要统一，这样更容易吸引粉丝人群在浏览当篇小红书内容后再去浏览其他内容，从而增加每天内容的阅读量和点赞量。

方法五：喜马拉雅引流

喜马拉雅是国内知名的语音自媒体平台，很多朋友习惯用喜马拉雅听小说或课程。社交新零售企业或代理商也可以在喜马拉雅上录制目标客户感兴趣的垂直语音课程并进行发布，这样就能够收获感兴趣的目标客户听众。

操作步骤：

第一步：寻找或者创作目标粉丝群体感兴趣的垂直语音课程。

第二步：朗读文章内容，通过录音软件进行录制，在朗读的过程中引导听众私聊或添加个人微信。

第三步：每天发布 1 条录制好的音频到喜马拉雅平台上。通过持续性的内容语音输出，在喜马拉雅平台上积累目标客户粉丝群体听众。

第四步：听众会通过私聊与你沟通，这时候再引导听众添加自己的微信号。

方法六：知识课程平台引流

课程引流一直是常用的引流方式，行业垂直领域内的干货课程，对目标客户粉丝群体来说，具有巨大的吸引力。我们可以提前录制好视频类的课程，然后发布在知识付费平台上，从而为我们带来精准粉丝。

操作步骤：

第一步：录制视频类行业垂直领域课程内容。

第二步：发布在荔枝微课、千聊、腾讯课堂、西瓜视频、腾讯视频、优酷视频、爱奇艺视频等平台上。

第三步：持续输出，吸引目标客户粉丝群体，进一步引流到个人微信号上。

掌握了如何利用公域流量吸粉系统快速获取目标精准粉丝的方法之后，流量会逐步增加，此时就需要通过打造个人 IP，快速取得意向粉丝的信任。

第三节　通过商务IP打造系统塑造个人品牌

一、个人商务IP打造系统的定义

今天的引流不再是品牌引流，更不是产品引流，而是个人IP引流。通过个人IP吸引流量进入，提高流量转化率，最终达到业绩目标。

个人商务IP打造系统是私域营销的第二步，是指通过打造个人商务标签，建立个人商务IP，从而取得目标粉丝人群的关注和信任。

打造个人商务IP有三个步骤：一是个人商务IP打造，二是流量承接工具准备，三是个人品牌软文推广。

二、打造个人商务IP

（一）个人商务IP打造

1.确立个人商务标签定位

打造个人商务IP，要根据商业需求打造，而不是根据自己的兴趣爱好去打造。打造个人商务IP的主要目的是吸引目标客户群体的关注，取得目标客户群体的信任，最终把目标客户变成消费者或代理商。

打造个人商务IP，首先要找到个人IP的商务标签，通过标签关键词定位，建立起个性化的商务IP。

一般来说，我们可以从4个方向去寻找商务标签关键词，分别是行业关键词、产品关键词、服务关键词、专业关键词。找到商务标签关键词之后，再通过关键词的组合，形成个人商务IP。比如，我的主要工作是给社交新零售商业模式的企业或项目，提供操盘辅导和操盘运营培训，目标客户群体是采用社交新零售商业模式的企业老板，那么，可以提炼出的商务标签关键词有社交新零售、操盘辅导、商业模式行业专家、奖金制度设计、团队裂变等。

通过以上关键词的组合，就形成了我的个人商务IP：国内知名社交新零售操盘辅导专家、代理商奖金制度设计专家、社交新零售商业模式顶层构架专家。

2. 撰写个人商务IP简介

当我们确定个人商务IP之后，接下来就是撰写个人商务IP简介。个人商务IP介绍主要放在自媒体平台个人简介栏和个人的微信朋友圈背景图上。

个人商务IP简介主要由4个部分组成：姓名、名头、从业经验、行业梦想。姓名就是你姓甚名谁，姓名可以是你的真实姓名，也可以是专门起的名字，如果是专门起的名字，尽量不要起重名多的名字；名头是指个人的头衔，比如，某某企业的创始人、某某行业的专家、某某技术的发明人；从业经验是指在这个行业你所做的工作或者事情，比如，从事某行业多少年，服务过多少个企业，尽量用数字的形式表达；行业梦想是指你在这个行业的愿景，比如，助力行业发展、帮助1万个代理商实现年收入过百万等。

通过这 4 个组成部分，就可以撰写一篇比较亮眼的个人商务 IP 简介。

（二）流量承接工具准备

接下来，我们要做的第二步是准备流量承接的工具。主要是要做好两方面的工作：一是拍摄个人商务形象照，二是准备一个专门用于对外商务交流的个人微信号。

其中，个人商务形象照主要用于微信头像、朋友圈背景图、线上线下个人 IP 宣传海报、自媒体平台个人头像及有关于个人宣传的相关内容。拍摄商务形象照一定要去专门的摄影机构；准备一个个人商务微信号，主要用于承接通过公域流量吸粉系统带来的流量。流量承接的微信号有两种，一种是个人微信号，另一种是企业微信号。目前，90% 的企业流量流向的是个人微信号，10% 的企业流量流向的是企业微信号。

那么，将粉丝引流到微信号上有什么好处呢？一方面，微信朋友圈信息发布条数是没有限制的，我们可以一直发布相关信息；另一方面，我们还可以通过微信群发功能通知粉丝关于各类活动的信息。这样就可以和粉丝产生长久的联系，有利于后期的成交与转化。

值得注意的是，商务微信号的宣传内容一定要匹配个人商务 IP 调性，尽量做到专业和垂直，增强粉丝对自己的信任，从而有利于在和意向粉丝交流的过程中提高成交转化率。

（三）个人品牌软文推广

个人 IP 就是个人品牌，一个人对外传输什么样的形象，就会在消费者心中建立起什么样的个人品牌。只有个人品牌和个人的商业行为相匹配，个人品牌才能助力个人商业的发展，否则效果会大打折扣。

社交新零售项目在起盘之后，基本上会做品牌的霸屏推广工作。其目的是，别人在网上搜索这个品牌或项目时，网上会出现非常多的信息沉淀，从而帮助这个新品牌在消费者心中建立信任。

同样地，个人品牌如果想快速取得粉丝的信任，也要做霸屏推广工作。个人品牌软文推广包含：撰写个人介绍文章、个人采访类文章、个人行业知识类文章，然后进行全网软文推广。一般软文推广数量在50篇以上，其目的主要是进行个人品牌背书，而不是商业宣传，所以一定不要去打广告。

通过个人品牌软文，建立个人品牌网络信息霸屏，凸显人物价值及行业专家形象，有利于建立陌生粉丝人群对IP人物的信任，进而提高后期的转化率和成交率。

第四节　精心经营私域流量池

一、经营私域流量池的执行步骤

（一）通过微信号建立私域粉丝流量池

过去，电话在普通人手里是社交沟通工具，而在营销人员手里则成为业务成交工具。同样，微信在普通人手里是社交工具，而在私域营销人员手里，它成了私域营销的业务成交工具。

自媒体平台吸粉引流带来的粉丝通过微信号认识我们、了解我们，这样，个人微信号就变成了我们的工作状态、生活状态、个人商业 IP、商业宣传的最佳展示平台。

如果说微信是每个人的社交身份证，那么朋友圈就是每个人的第二外表。因此，我们要善于通过微信和客户建立深层次的社交联系，并通过微信吸引客户、产生销售。如今，一个微信号可以添加 1 万名好友，如果 10 个微信号加满就是 10 万人，不管是我们的哪一种产品，只要有了 10 万个目标客户，我们成功的概率就会很高。

（二）个人商务微信号装饰四步法

通过微信号，建立私域流量池是私域营销体系中不可缺少的一个环节。值得注意的是，用于建立私域流量池的微信号需要进行精细化的装饰。

装饰微信号可以分为四个步骤，如图 4-2 所示。

```
第一步：装饰微信头像
      ↓
第二步：设定个人微信号昵称
      ↓
第三步：设计个人签名
      ↓
第四步：装饰朋友圈背景图
```

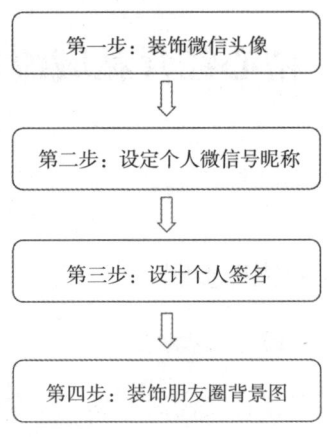

图4-2　装饰微信号的四个步骤

第一步：装饰微信头像。建议到专门的摄影机构拍摄个人商务照，选取优质的个人商务照作为微信的头像。

第二步：设定个人微信号昵称。个人姓名＋业务关键词。举例：王介威——社交新零售操盘辅导。个人姓名＋品牌词。举例：王介威＋梯课教育创始人。

第三步：设计个人签名。个人自身经验介绍/个人愿景。举例：操盘辅导社交新零售企业200家，致力于推动中国社交新零售商业模式发展，帮助1000人实现年赚百万的梦想。

第四步：装饰朋友圈背景图。朋友圈背景图主要由三种元素组成：一是个人形象照，二是个人简介，三是个人辉煌时刻照片。通过朋友圈背景图展示个人实力和魅力。

（三）发布具有吸引力的成交型朋友圈

在朋友圈发文是私域营销中最基本的营销方式，通过公域流量吸粉系统，把吸引过来的粉丝全部添加到我们的微信号上，然后发布微信朋友圈动态内容，持续影响粉丝，加深粉丝对我们的认可，从而达到后期成交的目的。

朋友圈的内容对业务成交至关重要，优秀的朋友圈会增加微信粉丝好友对个人IP的认可，平庸的朋友圈则会导致微信粉丝好友屏蔽或删除我们的微信号，所以我们要学会发布朋友圈的正确方法。

1.朋友圈发文的核心

朋友圈宣传的核心是高价值的人，而不是产品和项目。朋友圈是卖自己，而不是卖产品。朋友圈不是广告的发布渠道，而是价值干货的输出渠道，以个人的工作或生活状态去感染别人。

2.朋友圈发文细节

（1）发圈条数：每天发布朋友圈动态5条以上，5条以上才代表投入度高。

（2）内容构成：50%的行业垂直干货分享信息+20%的产品信息+20%的活动信息+10%的生活状态。

（3）朋友圈内容来源：自我编辑+项目素材号+上级代理商朋友圈。

（4）内容方向：消费者反馈动态、代理商咨询动态、成交打款截图、活动方案海报、工作场景动态、代理商培训动态、招商活动动态、生活感悟动态、产品销售活动、代理商招商活动等。

（四）微信好友标签管理

粉丝流量池经营系统，追求的是微信好友粉丝的精细化运营。对于通过公域平台吸粉系统进来的群体，第一步是对新加进来的微信好友进行标签备注，这样可以清楚地了解每一个微信好友的具体情况，以便后期开展针对式营销。

常见的微信好友备注方法是，根据粉丝的添加时间、粉丝的来源和渠道、粉丝的意向合作级别以及沟通情况进行备注。其中，按粉丝添加时间进行备注，即按通过审核、成为好友的年月日进行备注；按粉丝意向合作级别进行备注，可用ABCDE备注，如A代表未进行过一对一沟通，B代表有合作意向，C代表已经产生购买，D代表产生复购，E代表已成为代理商。

以上都是进行粉丝备注的常用方式，在使用过程中，我们可以根据项目实际情况灵活运用。

（五）目标客户沟通成交话术

粉丝群体加到微信上之后，我们要及时和目标客户群体进行沟通，提前准备常见问题的百问百答。针对粉丝经常提出的问题，给予最佳回答，并在之后整理成相关文件，作为不同级别的代理商和目标客户进行沟通时的参考话术。

在做线上成交或回答客户问题的过程中，我们一定要懂得运用素材去成交用户。在沟通的过程中，文字答案＋图片或视频素材的沟通方式具有很强的沟通说服力。

（六）微信群发

实践证明，80%成交的结果来自活动群发，这是我运用微信私域流量池营销粉丝的心得。一般情况下，我们进行微信宣传都会采用发朋友圈和好友群发两种方式。如果活动只通过朋友圈宣传而不群发，其实并不能通知到每个好友。

采取两种方式相结合的做法可以确保信息能通知到更多的粉丝人群。从数据来看，微信粉丝人群收到活动信息，20%是通过朋友圈，80%则是通过群发。

（七）建立批量微信号营销矩阵

单个微信号可以使粉丝产生经济效益，进行粉丝变现。如果有多个微信号，我们的变现效益就会大很多，批量微信号可以使经济效益实现倍增。

每个微信号最多可以添加1万位微信好友，20个微信号可以添加20万位微信好友，通常来说，20万位微信好友可以覆盖整个行业头部客户。

批量化微信号矩阵经营,可以不断增加我们微信号的数量,扩大粉丝流量池规模,从而产生更多的经济效益。批量化微信号矩阵是个人 IP 营销的必备运营工具,更是企业私域流量池的必备运营工具。

二、私域流量池经营的重要作用

通过微信号装饰、朋友圈发圈、微信好友标签备注、活动微信群发等步骤,认真经营好私域流量池,可以高效地把粉丝转化成消费者或者代理商,从而完成粉丝的变现目标。

如果私域流量池经营系统没有做好,执行不到位,不能把粉丝转化成消费者。那么,之前所做的很多工作就白费了。

不过,把私域流量池的粉丝人群变为消费者不是终点,要想从一个消费者身上持久获得商业价值,最有效的方法是把消费者变为代理商,再变成合伙人级别的代理商。

第五节 裂变更多的项目合伙人

一、合伙人裂变系统的定义

合伙人裂变系统,是指将通过私域营销的方式获取的粉丝或者消费者转化成产品的代理商或项目的合作伙伴,进一步推动代理商和项目合作伙伴的持续裂变,从而实现流量的持续裂变和项目的长久发展。

二、合伙人裂变系统的执行步骤

第一步：变粉丝为消费者。最基础的一步，是通过公域流量吸粉系统积累粉丝人群，通过私域流量池经营系统引导粉丝购买产品，成为品牌或产品的消费者。

第二步：变消费者为用户。消费者和用户的最大区别在于能否产生持续复购行为。为了达成这个目标，企业可以在消费者社群内不定期推行各种动销活动，实现消费者的多次复购，引导消费者持续消费，成为品牌的忠实用户。

第三步：变用户为会员。用户多次使用、信任产品之后，企业可设定用户升级会员的相关政策，即用户购买指定产品或者消费金额累计达到规定数额，可以升级为会员，会员复购享受产品复购折扣，同时会员可以推荐新的会员，推荐会员可获得奖励。

第四步：变会员为初级代理商。设定代理商裂变制度，引导会员升级为初级代理商，获得创业赚钱资格。在享受更低产品折扣的同时，还可以销售产品、招募会员或者代理商。代理商通过销售产品和招募会员，获得代理商产品盈利和招商盈利。

第五步：变初级代理商为高级代理商。代理商对一个创业项目投资越多，越会把精力放在这个项目上。高级代理商享受更低的产品进货折扣，同时享受招商初级代理商和高级代理商的资格，在产品销售和招募代理商时，获得更高的产品销售佣金和招商佣金，这更有助于高级代理商组建自己的销售团队和招商团队。

第六步：变高级代理商为项目合伙人。在代理商中选拔优秀的代理商，把优秀代理商变成项目合伙人，帮扶项目合伙人组建自己的事业部，从而帮助项目裂变出更多的事业部，实现多事业部矩阵发展，为企业平台化经营打下良好基础。

三、合伙人裂变系统的重要价值

1. 提升企业盈利维度

社交新零售商业模式丰富了企业盈利方式，促使企业实现由单纯的产品盈利到招商盈利、团队盈利、平台化盈利等多维度盈利的转变，提升企业的盈利能力，实现企业的业绩倍增。

2. 提升企业获取流量的能力

今天的商业竞争已由传统的产品竞争、技术竞争、品牌竞争、人才竞争转为流量获取能力的竞争。企业有更强的流量获取能力，意味着获得了更广阔的发展空间和更大的利润空间。

从目前整个商业营销方式来看，企业获取流量主要有两种方式：一是企业直接获取流量。企业通过自媒体运营、电话营销、活动会议、异业联盟、营销活动、混合社群、资源对接等方式获取流量；二是企业通过代理商裂变团队获取流量。企业通过代理商的招商，招募到更多的代理商，通过代理商的能力去获取流量。这种方式是企业在不增加运营成本的情况下，通过别人的资源获取更多的目标客户流量的方法。

企业直接获取流量的方式，好处在于方便直接进行流量的转化，转化效率高。不足之处在于，企业若想获得更多的流量，需要不断增加运营投入，无形中增加了企业运营成本。而合伙人裂变系统提倡的方式是把每一个消费者都变成企业的代理商,然后把低级代理商提升到高级代理商。代理商团队获得持续招商的资格,实现代理团队的自我裂变,从而帮助企业裂变出更多的代理商流量获取渠道。因此,做好合伙人裂变,能够直接提升企业获取流量的能力。实践证明,合伙人裂变系统是新时代和新环境下,整体成本较低的优选方案之一。

第五章
回款方案体系

为什么有的社交新零售企业起盘之后一个月回款超过3000万元，而有的企业三个月回款却还不到100万元，原因有很多，但其中一个重要原因是项目起盘回款方案不同。

项目起盘回款方案是否合理，直接影响种子代理商的招募数量和首批项目回款额。

一个优秀的回款方案体系，可以帮助企业实现高效率回人和回款；反之，则导致企业资源损失，甚至项目失败。

社交新零售商业模式项目在正式对外招商之前，一定要根据企业实际情况设计出符合自身特点的回款方案体系。

第一节　好的回款方案是项目起盘成功的关键

一、回款方案体系的重要性

回款方案的制订，是社交新零售商业模式操盘体系中一个极为重要的环节，直接关乎项目的种子代理商裂变速度以及起盘之后项目回款金额的多少。

优秀的回款方案不但可以在短时间内快速回款，而且可以招募到目标数量的顶层核心代理商。错误的回款方案，则有可能导致股东私域资源浪费、项目回款缓慢、种子代理商难以招募和代理商难以裂变等诸多问题。

二、设计回款方案的两大目标

回款方案的设计有两大目标：一是回人，二是回款。所谓回人，是指快速招募到首批种子代理商；回款是指起盘后短时间内带来项目回款。

有一些经验不足的操盘手，在项目启动时，种子代理商往往是其身边的亲朋好友，碍于人情关系，直接给予代理资格，而不收钱。其实，这种做法极为不妥。不收钱的结果就是这批没收钱的代理商一个月后就不做了。因为他没有出钱，觉得没有付出什么代价，就不会花费大量精力来学习，一个月后他赚不到钱自然就不做了，代理商也就流失了。这样一来，企业不仅没有招募到代理商，还浪费了手里的资源。

出现这种问题的根本原因在于操盘人员经验不足，在项目起盘之前没有设计回款方案，更不懂得在项目前3个月的起盘黄金期，企业既要回人，更要回款。因此，企业在设计起盘回款方案时，必须提前设计好代理商的门槛，只要有代理商进入，就要按照规则办事。唯有如此，才能避免造成企业种子代理商资源浪费。尤其是没有团队基础的企业，这点要尤为注意。

第二节　首批种子代理商从哪里来

一个社交新零售商业模式的项目起盘时，通常会有两种情况：一是有团队基础，二是无团队基础。

这两种企业获取种子代理商的打法是不同的。

一、有团队基础的项目

1.确定种子代理商来源

对于有团队基础的社交新零售项目，代理商来源主要分为三个方向：一是原有团队的老代理商，二是品牌股东认识的其他品牌代理商，三是项目股东的私域人脉资源。

可以说，有团队基础的企业，其种子代理商的获取相对于零基础的企业要容易得多。

2.种子代理商招商执行步骤

第一步：与核心代理商一对一沟通。

企业或品牌股东可以通过讲解项目定位、项目市场空间、商业模式、运营体系等内容，与核心代理商进行一对一沟通，招募其为顶层合伙人。

第二步：对老代理商实行代理平移政策。

给予老代理商一定的优惠政策，通过政策吸引其加入。不过，活动政策一般有时间或名额限制。

第三步：召开内部核心启动会议。

招商一段时间后，当首批种子代理商达到一定基数时，就需要给种子代理商召开核心启动会议，通过会议培训课程的形式，给代理商做新人集体启动培训。

会议培训时长基本上是两天，会议可以叫作项目启动会、密训会、核心股东培训会、核心合伙人启动会等。

在代理商接受了整套商业模式、项目定位、运营体系、招商体系、培训体系和盈利体系等培训之后，马上安排代理商做招商工作，并且帮扶代理商定下工作目标和执行步骤。

第四步：安排核心代理商做一对一沟通招商工作。

安排核心代理商旗下团队资源做一对一的沟通工作，招募旗下代理商团队。

当代理商在做一对一沟通时，如果话术不熟练，其直属上级有义务为新代理商提供 ABC 帮扶服务，帮助新代理商成交。

第五步：安排线下招商会。

在核心代理商做一对一代招商过程中，企业召开线下招商会，代理商邀约意向合作伙伴参加，企业辅助核心代理商集体成交。

第六步：新进代理商一对一启动培训。

核心代理商招募到新代理商之后，在 3 天之内给新代理商做一对一启动培训。

第七步：新进代理商集体启动培训。

新代理商接受完由老代理商进行的一对一启动培训之后，再参加由公司或者团队举办的新人集体启动培训：一是进行系统化的新人培训课程，二是针对低级代理商，在会议现场进行低级升高级的活动。

以上七步是针对有团队基础的企业的招商步骤。接下来，新代理商接受完培训课程之后，梳理自己的私域资源，针对私域资源名单进行一对一的沟通，以此往复循环，从而实现代理团队复制裂变。

二、无团队基础的项目

1. 确定种子代理商来源

对于无团队基础的社交新零售项目，代理商来源主要分为三个方向：一是私域人脉资源，二是原有商业合作伙伴，三是原有渠道资源。

2. 种子代理商招商执行步骤

第一步：资源梳理。

企业收集整理自己的资源渠道，其中包含人脉资源、商业合作资源、原有渠道资源。

第二步：根据资源名单进行一对一沟通。

根据资源名单进行一对一沟通，沟通内容主要包含项目定位、项目市场空间、商业模式、运营体系、项目未来发展前景等。

第三步：召开小型沙龙会议。

公司协助代理商进行招商，召开小型沙龙会，代理商邀约意向代理商参加。这种会议通常在公司举办，便于意向代理商参观公司，随时交流，从而达成合作。

第四步：召开项目启动会议。

通过一对一沟通，招募的代理商达到一定规模，一般是30～50人之后，即可召开项目启动会议，为期1～2天。企业召开项目启动会议有两大目的：一是进行新项目启动的势能宣传会议；二是给所有代理商做系统化培训。培训的内容涉及项目介绍、市场前景、商业模式、招商体系、培训体系、私域营销等方面。

在核心代理商接受完较为系统的专业化培训之后，立即安排代理商做招商工作，帮助核心代理商建立自己的代理商团队。

第五步：安排代理商进行资源梳理和一对一沟通。

安排第一批核心代理商进行各自资源的梳理工作，并且根据梳理名单进行一对一沟通，由上级代理商提供ABC帮扶服务。

通过以上五个步骤，项目进入日常招商流程，企业需要不断扶持新代理商，进行资源梳理和一对一沟通，并且根据需要召开参与人数规模不等的会议，进行代理商的集体成交和低升高的活动。

第三节　起盘回款方案中的营销活动策略

在项目起盘过程中，企业需要匹配营销活动策略，科学有效的营销策略有助于企业招商和项目回款。设计营销活动策略可以从以下几个步骤考虑。

一、确定活动营销打法

在社交新零售商业模式项目起盘期，通常会从两个方向去确定营销打法：一是从上往下做招商，二是从下往上做提升。

从上往下做招商，是指项目启动后，最先招募最高层级的代理商。顶层代理商招商金额大，有利于企业回款。同时，顶层代理商的招商权限高，有利于搭建顶层团队构架。比如，企业在一开始就招募最顶层的分公司，再通过分公司做团队的裂变，如果企业招募了10家分公司，就相当于10家公司同时在做团队，这时候的效果肯定比一家公司单独做团队要好得多。

从下往上做提升，通常是指底层做会员裂变，裂变出更多的会员，再通过线上或线下会议转换，把会员升级为高级代理商。比如，一家企业采用的398元成为会员的裂变方式。会员推荐会员可以获得100元的返利，同时会员的进货数量可作为团队进货数量进行累计。团队进货数量越多，进货价格就越低，达到一定的进货数量就可以升级为代言人（代理级别）。成为代言人之后，接受公司的培训，再把代言人升级为高级代理商。

再比如，我们常见的一种"押金返还，产品免费"模式，交398元押金就可以免费使用产品，推荐三个398元的会员，押金全部返还。如果达到一定的会员推荐量，就可以升为更高级别的代理商。这些都是较常见的从下往上的活动打法。

项目起盘之后，从上往下和从下往上两种方法一定要相互结合。对团队招商来说，一定是从上往下的，因为顶层团队的建立有助于搭建团队构架，更利于代理招商和团队裂变。这是一个基本的逻辑，很多项目一开始招募品牌合伙人和事业部就是在采取这个做法。

对活动营销来说，开始时从下往上招募会员，通过会员裂变出更多的会员。接下来，一定要做会员的提升，把会员变成代理商，把代理商变成更高级别的代理商，只有这样，团队才能裂变出更多的高级代理商，从而让业绩倍增。

二、确定主打招商层级、门槛及招募数量

企业在起盘后，需要确定主打招商代理层级，并且根据企业的资源情况确定相应级别代理商的入门门槛以及需要招募到的代理商数量。

确定主打招商级别，就是企业确定一个好招募的代理级别，并且在这个级别之上，一定要有可以吸引这个层级升级的级别，这样有利于促进主打层级的平级推荐，再配上平级推荐升级的政策，推动主打层级裂变。

至于主打层级门槛金额及招商目标数量，可以灵活设置。一般来说，

对于资源丰富和有团队基础的企业，高级别的代理商门槛可以高一些；对于商业资源较少的企业，前期的门槛可以低一点，后期再提升门槛。

另外，在招商过程中，投资金额越高的代理商对企业和团队的忠诚度越高，做事情的热情也高；投资金额低的代理商则相反，一旦赚不到钱，随时可能退出。

有一家广州微商企业，项目起盘后，只用了一个星期的时间就招募到300多位最高级别的代理商、1000多位第二级别的代理商。最高级别的代理商门槛也从最初的8800元一直涨到6万元。该企业在起盘后发展这么快速，一方面是因为起盘营销打法比较合理，从上往下招募代理商，构建顶层招商架构；另一方面在于企业本身拥有较好的行业资源优势，起盘招商时的门槛金额和企业自身资源相匹配，因此可以在短时间内完成这么好的招商业绩。

由此可见，一家社交新零售企业在设计起盘打法时，确定主打招商级别、层次门槛是非常重要的一环。

三、确定营销活动优惠政策

针对代理商招募，企业需要制订起盘期的活动营销方案。这里的方案不是平时的动销方案和卖货方案，而是招商营销方案，以吸引代理商加入。

下面，举一个常见的营销活动策略：

（1）低门槛卡位活动：原门槛8万元，优惠门槛3万元。

（2）推3升1推荐升级活动：平级推荐3名，自动上升一级。

（3）指定场景额外奖励：前50名平级推荐，每额外推荐1人公司奖励 3000 元。

（4）推荐人数达标奖励：平级推荐 5 人，公司奖励 1 万元；平级推荐 10 人，公司奖励 3 万元。

（5）赠送产品/扶持政策：在一定时间或者场景加入，额外赠送礼品。

（6）团队裂变人数达标奖励：旗下会员人数达标，给予奖励。

起盘期制定的营销活动方案主要有两个目标：第一是吸引更多代理商加入，第二是促进代理商的平推和招商。

企业需要根据招商的进展设定相应的活动方案。比如，大家经常看到的低门槛和半门槛，就属于常见的优惠活动；再比如，在本月直推 3 个合伙人，公司奖励一次旅游或一部苹果手机，也是常见的促进代理商平推的招商奖励。

四、确定活动时间段和名额数量

确定活动的时间段和名额数量，是指活动在什么时间段执行，针对哪些人群才有相关的优惠政策，预计有多少人参与活动。比如，某个活动在本周内有效，活动参与人数满 100 人截止，在会议现场加入可享受优惠政策，或者优惠政策仅限前 100 名。总之，活动的时间段和享受优惠政策的名额一定要有限制。

五、确定会议招商时间节点

会议招商是代理商成交环节中非常重要的组成板块，是集体成交的常用营销方式，也是社交新零售项目在起盘过程中必不可少的构成板块。

企业可以根据起盘期的招商目标设定会议营销的节点。比如，每周两场沙龙会，每月一场大型招商会。一定要计划好每场沙龙会或招商会的举办时间、举办地址，从而促进项目招商。

企业在开起盘筹备规划会议时，应重点讨论会议招商的时间节点。例如，什么时间开线上公开课，什么时间开线下招商会议，什么时间开代理商新人启动会，并且要列出具体的时间节点。

这个方案制订好之后，后期企业按照这个方案去执行，并按照相应的时间节点做好相应的落实工作，招商工作通常会相对顺利。

一般来说，企业应订立 3 个月的招商计划，也就是企业起盘的关键时期，到了第 3 个月末，再开下个季度的季度规划会议，规划下个季度的招商时间节点。这样一来，整个项目会一直围绕招商去进行。

在设计回款方案中的营销活动政策时，企业可以参考上面的五个步骤设计出一套符合自身情况且优秀的回款方案。

第六章
奖金制度体系

代理商奖金制度，是社交新零售商业模式中非常重要的组成板块，也是项目运营的基础。

代理商奖金制度既是企业的招商基础，又是代理商团队的招商基础。一个好的奖金制度可以让项目取得快速、长久的发展，反之则会阻碍项目的正常发展。

本章通过讲解代理商奖金制度设计的方法以及标准化奖金制度设计案例，辅助社交新零售操盘者建立有效的代理商奖金制度。

第一节　代理商奖金制度的重要性及核心目的

一、代理商奖金制度是项目运营的基础

代理商奖金制度，简单地理解就是企业的代理商政策。企业用这套政策去招募代理商，同时在招募到代理商之后培训代理商。代理商依据这套代理商奖金制度，再次招募新的代理商。从功能上来说，代理商奖金制度体系既是企业招商的基本规则，又是项目运营和代理商裂变的基础。

代理商奖金制度和传统经销商政策不同点在于，前者具备裂变性，而后者只是企业的招商政策。对于社交新零售商业模式项目下的奖金制度，企业既要用这套制度去招募代理商，同时代理商也要用这套制度招募其名下的代理商。这就要求企业在设计奖金制度时，既要考虑企业的招商实力，又要考虑代理商持续裂变招商的需求。

实战中，有的企业招商能力很强，操盘手会把代理商奖金制度门槛设置得非常高，这样会带来一个结果，就是企业招募到了高门槛的代理商，但没有考虑代理商的招商能力，代理商无法持续往下进行招商，从而导致项目招商受阻，团队无法裂变。

二、奖金制度的核心目的是促进团队裂变

企业在设计代理商奖金制度时，一定要充分考虑奖金制度设计的核心目的——促进代理商团队裂变。

促进代理商团队裂变是第一要务。即并不能只让代理商通过卖产品赚钱，还要促使代理商通过招商和裂变团队赚钱，达到一定业绩标准时，还能获得相应的业绩奖励。由此，在设计奖金制度时，一定要有推荐返利和招商返利政策，或者说一定要使团队每一个人的利益相关联，做得好的团队应该给予更多的奖励。

另外，一些企业在设计奖金制度时，考虑了太多制度风险问题。比如，以企业为中心，把代理商的返利金额变低，返利层级数量减少。这样做，虽然企业安全了，企业的利润空间变大了，但是无法起到促进代理商团队裂变的作用，也就失去了奖金制度设计时的核心目标。

第二节　代理商奖金制度的三大板块

目前，在市面上，各种团队返利制度众多，各具特色。今天我们主要探讨社交新零售商业模式项目常用的奖金制度体系。

各家企业的实际情况和产品不同，社交新零售商业模式的代理商奖金制度也会有所区别。但综合来看，基本上分为三大板块：代理商条件门

槛、代理商奖金权益、代理商扶持权益，如图6-1所示。

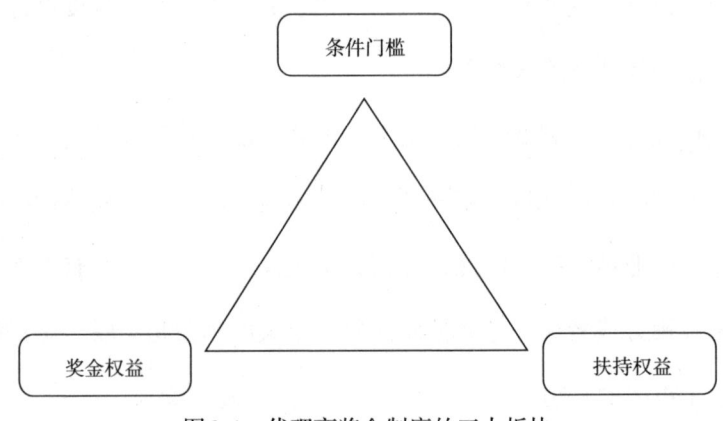

图6-1 代理商奖金制度的三大板块

一、代理商条件门槛

代理商条件门槛，是指成为相应级别的代理商，应该满足的升级条件。常见的升级条件有以下几种情况：一次性购买升级、推荐代理升级、拿货累计升级、目标达成升级。

1. 一次性购买升级

一次性购买升级，是指一次性进货或一次性缴纳足额货款，成为相应级别代理商。比如，进2万元的货可以成为一级代理商，进1万元的货可以成为二级代理商等。

2. 推荐代理升级

推荐代理升级，是指推荐代理商数量达标，成为相应级别代理商。比如，推荐3个级别的二级代理商，就可以直接升级为一级代理商，享受一级代理商权益。

3. 拿货累计升级

拿货累计升级，是指拿货累计数量达标即可升级为上一级别代理商。比如，累计拿货数量达到 2 万元即可成为二级代理商，累计拿货达到 4 万元即可成为一级代理商。

4. 目标达成升级

目标达成升级，是指完成某项目标，即可以升为上一级别代理商。比如，补货业绩在本月达到 100 万元，即可升级为事业部，享受事业部旗下合伙人进货额外返利。

以上 4 种代理商条件门槛，是社交新零售商业模式中常见的条件门槛，有时会作为基本的升级条件，有时会作为活动的升级条件。在使用时比较灵活，有时候会使用一种升级方式，有时候也会多种方式并行使用。

二、代理商奖金权益

代理商奖金权益是指成为相应级别的代理商，获得相应级别的奖金分配权益。在社交新零售商业模式项目的奖金制度中，常见的代理商奖金权益有以下几种：

1. 获得产品或服务

成为相应级别的代理商，应该获得什么样的产品或者服务，需提前设计好相应的规则。比如，在微商机制中，一次性缴纳 10 万元，成为一级代理商，享受 5 折价格的 10 万元货物；在医美合伙人机制中，成为 10 万元的医美合伙人，享受 20 万元的医美服务项目，额外再赠送相关的产品或服务；在知识付费产品合伙人机制中，10 万元成为顶级课程合伙人，可以获得 30 万元的课程费用或者可以获得 50 个价值 9800 元的课程学习名额。

获得产品或服务是奖金制度权益中的一个基本性权益，对于这项奖励，我们也常称之为回本机制，也就是说通过销售这部分的产品或服务，可以使之前的投资快速回款。

2. 获得进货差额或折扣

成为相应级别代理商，享受相应级别的代理进货折扣。比如，成为一级代理商，享受4折进货折扣；成为二级代理商，享受5折进货折扣，以此类推。

3. 产品或服务零售佣金

成为相应级别代理商后，零售产品时可获得产品零售返利佣金。比如，在社交电商平台中，成为高级会员后零售产品可以获得60%的佣金；成为中级会员后零售产品可以获得40%的佣金；成为初级会员后零售产品可以获得20%的佣金。

4. 招商佣金

老代理商招募新代理商可获得招商佣金，招募不同级别代理商可获得不同金额的返利佣金。我们常说的同级推荐两层返利，就是指招募同级别代理商获得两层招商返利。另外，低级代理商推荐高级代理商，获得一次性推荐返利，也属于招商佣金的其中一种。

5. 下级补货佣金

下一级别代理商补货，上一级别赚取补货差额。比如，在等级制度中，一级代理商4折进货，二级代理商5折进货，当二级代理商进行补货时，一级代理商就可以获得下级补货的10%的市场价格的佣金；在社交商城奖金制度中，高级代理商销售产品获得 80% 的佣金返利，中级代理商销售产品获得 60% 的佣金返利，这时候，中级代理商进货时，他的上级，即高级代理商将获得 20% 的差额补货佣金。

6. 平级补货佣金

平级补货佣金是指推荐的同一级别代理商，从直属上级补货时，推荐者也会获得相应的补货佣金。比如，二级代理商推荐一个新的二级代理商，被推荐的二级代理商每次补货时，推荐者将会获得每次的平级补货返利。

7. 团队业绩奖励

团队业绩奖励是指根据团队总体业绩的高低，给予相应标准的奖励。主要目的是增加团队之间的连接性，团队成员中每个人的业绩都和其下级代理商息息相关，有利于促进团队裂变。

团队业绩奖励往往是针对最高级别的奖励，因为这部分的奖励大多是由公司发放，最高级别直接从公司进货，公司可以清晰地统计出最高级别代理商的补货业绩。比如，常见的月度团队业绩奖励就属于团队业绩奖励中的典型代表。首先，公司会根据团队的业绩高低给予相应的返利比例，业绩达标金额越高，返利比例也就越高。反之，业绩达标金额越低，返利比例也就越低。团队销售奖励返利时间，有按月度返利、按季度返利和按年度返利三种。累计金额是：自己补货奖励与平级推荐代理补货奖励之和。公司直接把奖励总金额返利给第一位最高级别代理商，再由第一位代理商返利给其平级推荐代理和其余级别代理商。每次奖励发放结束后，业绩清零。

8. 个人销售业绩奖励

个人销售业绩奖励是指个人在某个时间段之内补货业绩达到相应标准后，即可获得相应的返利。比如，我们常见的年终豪车奖励、教育奖励、父母奖励等，都是业绩达标奖励。比如，个人补货业绩累计500万元，奖励30万元汽车一辆。

9. 奖金池分红奖励

奖金池分红奖励属于整体分红的奖励机制，只要代理商达到业绩标准便可进入分红奖金池，即可分得其中的奖励。目的是吸引代理商尽快加入和促进代理商平推招商。比如，每销售一盒产品拿出5元钱放入奖金池，平均分配给所有达到业绩标准的最高级别代理商。

10. 股权招商

目前，股权招商主要是为了吸引高级别代理商的加入。比如，拿出公司20%的分红，成立股份制公司，将公司股份分成100份。其中，最高级别代理商加入可以获得1份，同级推荐一个最高级代理商可以获得0.5份。

11. 星级董事规则

根据代理商业绩达标标准给予不同星级等级，从而给予不同的奖励。比如，成功平级推荐一个最高级代理商可奖励一颗星，根据星的数量给予奖励。奖励方式可如下：

（1）每多一颗星，多获得一次奖金池分红。

（2）根据旗下代理商的进货量，给予每盒1元的返利。

12. 代理商委员会

代理商通过业绩达标或招商达标可进入代理商委员会，代理商委员会享受公司额外的奖励。比如，一级代理商直推了5名同级别代理商，即可进入代理商委员会，进入代理商委员会之后，可享受代理商务委员会专属奖金池分红，或者公司奖励其旗下一级代理商团队出货业绩5%的返利。

13. 事业部机制

在新零售团队之上建立事业部机制，最高级别代理商推荐人数达标或者业绩达标，可以成立公司的事业部，事业部可以享受额外返利，常用返利有：旗下代理商团队每出一盒货给予返利，团队奖金结余利润放在事业部，总公司以低价给事业部供货，事业部产生的利润和总公司按比例进行利润分配。

以上就是我们在社交新零售项目中常见的奖金制度中关于奖金权益的基本规则。除了以上基本规则，还有管理奖、辅导奖、育成奖、培育奖、月度奖、季度奖、年度奖、分红奖等，都是以上奖金权益的演变。

三、代理商扶持权益

在代理商奖金体系组成板块中，除了代理商门槛条件和代理商奖金权益，还有一个非常重要的板块构成就是代理商扶持权益。值得注意的是，代理商扶持权益是企业在设计代理商奖金制度时容易忽略的板块。

代理商门槛条件是代理商进入的方式，代理商奖金权益是代理商在做到一定业绩后分钱的方式，代理商扶持权益则是针对各级别代理商给予的不同的扶持政策，以吸引新代理商的加入和吸引低级别代理商升级为高级别代理商。

1. 设计代理商扶持权益的原因

之所以设计代理商扶持权益,有两大主要原因:一是成为项目代理商的目的是赚到钱,而扶持权益能帮助代理商赚到钱,那么项目的招商就更具有吸引力。二是促进低级别代理商升级为高级别代理商,一方面,高级别代理商在奖金制度分配上可以分到更多的返利佣金;另一方面,高级别代理商可以获得更好的代理商扶持政策。

2. 常见的代理商扶持权益

(1)代理商IP打造系统。指给代理商进行个人采访视频拍摄、网络霸屏软文推广、个人形象照拍摄。

(2)会议扶持系统。指为代理商提供沙龙会营销方式的方法培训,教会代理商如何通过沙龙会议进行代理商招商和产品销售。

(3)成交演说培训。针对代理商举办成交演说训练营,提升代理商公众演说成交的能力。

(4)商学院培训体系。针对代理商的新人启动培训、引流培训、销售能力培训等一系列培训工作,有助于代理商进行产品销售和代理商招商。

(5)成交物料扶持。为代理商提供相关项目或产品宣传海报、宣传PPT、企业宣传视频等一系列的宣传素材,有助于代理商进行项目的推广。

以上是常见的代理商扶持权益。企业在设计代理商奖励制度的过程中,要根据各级别的定位去匹配相应的权益,从而吸引代理商的加入和升级。

第三节　常见的典型性奖金制度

社交新零售的代理奖金制度，会因各家企业实际情况和具体产品的不同而有所区别。从更广泛的维度来看，奖金制度虽有不同，但都是各种奖金权益的组合。奖金制度的最终目的是促进代理商团队的裂变，促进代理商团队的招商和产品销售。

现归纳整理出几种典型的奖金制度，供大家参考。

一、层级代理商奖金制度

层级代理商奖金制度是大多数产品型企业常用的代理商奖金制度，也是在社交新零售商业模式项目中使用最广泛的代理商奖金制度。

下面举例说明。

一家护肤品企业的代理商奖金制度包含代理商拿货价格、推荐奖励、执行董事月度团队业绩奖励、季度奖金池分红、执行董事个人补货年终奖励以及品牌股东权益。

1. 代理商拿货价格

代理商的级别不同，拿货价格是完全不同的。具体如表6-1所示。

表6-1 不同级别代理商的拿货价格

等级	A产品进货价格（元）	B产品进货价格（元）	C产品进货价格（元）	拿货门槛（元）	优惠门槛（元）
执行董事	49	99	60	39800	19800
总代	69	139	70	8800	—
VIP	89	179	80	500（累计）	—

升级方式：

一次性补货升级/VIP累计升级。

补充说明：

（1）严禁在电商平台进行销售。

（2）严禁低价乱价、串货、抢代理。

（3）此表格只限内部流通，严禁向外扩散。

（4）以上任何一种情况出现将直接取消代理资格，并对其所在团队进行处罚，情节严重者公司保留依法诉讼权。

2. 推荐奖励

代理商的级别不同，推荐奖励的标准也有所不同，如表6-2所示。

表6-2 不同级别代理商的奖励制度

		平级推荐奖励（永久）		
所在级别	推荐级别	招商奖励标准	补货直推奖励	补货间推奖励
执行董事	执行董事	直推奖励：6000元 间推奖励：1000元	10%补货款	3%补货款
总代	总代	直推奖励：1100元 间推奖励：500元	8%补货款	3%补货款
VIP	VIP	60元	—	—

续表

越级推荐奖励（一次性）		
所在级别	推荐级别	奖励标准
总代	执行董事	8%进货款
VIP	执行董事	8%进货款
	总代	8%进货款

补充说明：

（1）奖励返点金额由被推荐者接收人给予奖励（谁接收，谁发货，谁返利）。

（2）平级推荐后，推荐者在一个月内升级后，级别高于被推荐者，被推荐者归入推荐者名下。

（3）各级别均可平级推荐和跨级推荐。

3.执行董事月度团队业绩奖励

根据不同的团队业绩，奖励标准也有所不同，如表6-3所示。

表6-3 执行董事月度团队业绩奖励标准

团队业绩（万元）	奖励标准（%）
0～1.99	3
2～4.99	4
5～7.99	5
8～11.99	6
12～19.99	7
20～49.99	8
50～99.99	9
100～199.99	10
200～299.99	11
300～499.99	12
500～999.99	13

补充说明：

（1）本人首次进货额度不计入本人月度业绩。

（2）每月10日核算月度返利，15日发放奖金，奖金发放后业绩清零，下个月度重新进行计算。

（3）团队业绩包含直属团队及间接推荐的团队业绩。

4. 季度奖金池分红

（1）参与人员：执行董事、品牌股东。

（2）奖金来源：每卖出一盒产品，公司拿出3元放入奖金池。

（3）奖金分配：其中50%的奖金，所有进入奖金池的人员平均分配。另外50%的奖金，由季度个人补货前10名的人员平均分配，奖金发放后业绩清零。

5. 执行董事个人补货年终奖励（年度）

执行董事完成目标任务后，可根据不同标准获得个人补货年终奖励，如表6-4所示。

表6-4　个人补货年终奖励标准

业绩标准（万元）	奖励标准（万元）
100	8
200	20
300	奔驰车全款

以上奖励由公司召开年会时结算，发放后清零。

6. 品牌股东权益

（1）品牌股东门槛。平推5名执行董事，成为品牌股东或首次进货达158000元。

（2）品牌股东权益返利。

平推奖：首次可获得6000元固定推荐奖励，后期直接被推荐人补货，可获得拿货额10%的返利，后期间接被推荐人补货，可获得拿货额3%的奖励。

月度奖：直接和间接推荐的执行董事当月团队业绩计入团队总业绩，享受月度市场推广奖励。

季度奖：季度奖金池分红。

年度个人奖：旗下直接和间接推荐所有的执行董事出货，每盒返3元。

干股奖品牌股东推荐2名品牌股东，获得公司1%的干股。

层级代理商奖金制度是护肤品、大健康类产品营销常用的奖金制度，也是大多数社交新零售商业模式企业经常用到的奖金制度，目前约占中国社交新零售商业模式企业奖金制度的90%。

二、大金额返利等级奖金制度

大金额返利等级奖金制度的主要特点是，在代理商进行招商时，给予大金额的推荐奖返利。在层级代理商奖金制度中，每个层级的代理商均按照折扣等级来进货。当代理商平级推荐代理商时，会由上级返利。上级返利的钱将会从上级和下级的差额中拿出一部分给予推荐者，这个时候返利的金额是有限的。而有些公司为了增加代理商平级推荐的金额，加快代理商的招商进程，就会设计大金额返利等级奖金制度。

大金额返利等级奖金制度的特征就是，代理商首次进货门槛不是按照折扣价进货，而是根据市场价格进货，或者首次进货门槛是8折/9折，补货再按低折扣进货。

下面的案例是某护肤品企业的大金额返利等级奖金制度。

1. 部长

条件门槛：59800元进货款。

奖金权益：

（1）获得面膜25组（每组10盒）、喷雾101套，价值59948元。

（2）享受喷雾产品每套110元的补货价/面膜产品每组200元的补货价。

（3）旗下每出一组产品，获得98～288元差价。

（4）每直接推荐一名总代，奖励9800元。

（5）每直接推荐一名部长，奖励30000元。

（6）每间接推荐一名部长，奖励5000元。

（7）旗下部长补货，每组或每套产品奖励10元（直接推荐）/5元（间接推荐）。

2. 总代

条件门槛：9800元进货款。

奖金权益：

（1）获得面膜4组、喷雾17套，价值9926元。

（2）享受喷雾产品每套160元的补货价/面膜产品每组250元的补货价。

（3）旗下每出一组产品，获得48～238元差价。

（4）每直接推荐一名总代，奖励4000元。

（5）每间接推荐一名总代，奖励1000元。

（6）旗下总代补货，每组或每套产品奖励10元（直接推荐）/5元（间接推荐）。

3. 会员

条件门槛：398元进货款。

奖金权益：

（1）获得喷雾一套或面膜一组。

（2）每推荐1人，奖励100元开拓奖。

（3）自己复购，每套返100元。

在这套奖金制度中有三个代理等级，分别是部长、总代和会员。

各级别代理商首批货是获得市场价产品，而不是折扣价产品。下级代理商的货依然由上级发出，但是因为代理商所获得的是市场价产品，所以就拉大了上级代理商，也就是发货者的利润空间，从而为平级推荐奖励给予大金额的返利创造了基础条件。

当代理商再次补货时，按照不同等级拿货价格进行补货。也就是说，高级代理商补货价格低，低级代理商补货价格高，高级代理商赚取下级代理商的补货差额。

三、医疗美容合伙人奖金制度

医美新零售、医美合伙人、医美私域合伙人机制，是这两年在医疗美容行业比较普遍的机制。很多医美的渠道医院是通过这种方式进行渠道代理的裂变。这种奖金制度也是社交新零售商业模式在医疗美容行业的典型运用。

过去，在渠道医美中，代理商只有在消费者到医院消费后才可以获得返利，只能赚取消费市场的钱。但社交新零售商业模式出现之后，代理商不仅可以赚消费市场的钱，还可以赚招商市场的钱，也就是说招募渠道代理商依然可以赚到钱。下面，我们用两个医美整形医院的代理商奖金制度案例来说明。

案例一：

1. 超级会员

条件门槛：9800元项目套餐费。

奖金权益：

（1）赠送2万元的整形项目款，任选13项（费用抵扣）。

（2）赠送5支玻尿酸，每支市场价值1280元，共6400元（每支收取500元注射费）。

（3）赠送3次复合水光，每次市场价值2500元，共7500元（每支收取500元注射费）。

（4）赠送20张项目服务引流卡。

（5）享受后期超级会员分销权限，分销可获得业绩总佣金的40%。

（6）享受推荐超级会员培育奖，可获后期服务项目总佣金的5%和2%的返佣。

（7）享受超级会员推荐奖励，直接推荐可获3000元，间接推荐可获500元。

（8）赠送市场价值9800元的医美精英培训班课程。

超级会员业绩要求：

（1）一年内消费不低于9800元（会员价）。

（2）一年内团队至少增加一名合作伙伴。

二者满足其一即可，否则取消超级会员返利资格。

2. 合伙人

条件门槛：19800元项目套餐。

奖金权益：

（1）赠送价值5万元的整形项目款，任选20项（费用抵扣）。

（2）赠送15支玻尿酸，每支市场价值1280元，共19200元（每支收取300元注射费）。

（3）赠送10次复合水光，每次市场价值2500元，共25000元（每支收取500元注射费）。

（4）赠送40张价值980元的项目服务引流卡。

（5）享受后期合伙人分销权限，分销可获得业绩总佣金的55%。

（6）享受招商推荐奖励：合伙人推荐合伙人，直接推荐可获7000元，间接推荐可获500元。

合伙人推荐超级会员，直接推荐可获4000元，间接推荐可获500元。

（7）享受推荐合伙人培育奖，可获后期服务项目总佣金的5%和2%的返佣。

（8）月度团队业绩奖：业绩不同，奖励标准也不同，如表6-5所示。

表6-5 合伙人月度团队业绩标准

团队业绩（万元）	奖励标准（%）
10	1
30	2
50	3
70	4
100	5
150	6
200	7
300	8
500	9
700	10

团队业绩奖发放注意事项：

①每月计算月度返利，奖金发放后业绩清零，下个月重新计算。

②业绩金额以会员价为标准。

③享受业绩总佣金比例返利。

④赠送市场价值19800元的医美咨询师专业设计课程。

合伙人的业绩要求：

（1）一年内消费不低于9800元（会员价）。

（2）一年内团队至少增加一名合作伙伴。

二者满足其一即可，否则取消合伙人返利资格。

3. 高级合伙人

条件门槛：

（1）29800元项目套餐。

（2）合伙人直接推荐3个合伙人并间接推荐3个合伙人。

（推荐升级只享受第 4～10 项高级合伙人权益）

奖金权益：

（1）赠送 8 万元整形项目款，任选 20 项（费用抵扣）。

（2）赠送 30 支玻尿酸，每支市场价值 1280 元，共 38400 元（每支收取 300 元注射费）。

（3）赠送 20 次复合水光，每次市场价值 2500 元，共 50000 元（每支收取 500 元注射费）。

（4）赠送 80 张价值 980 元的项目服务引流卡。

（5）享受后期合伙人分销权限，分销可获得业绩总佣金的 70%。

（6）享受推荐高级合伙人培育奖，可获后期服务项目总佣金的 5% 和 2% 的返佣。

（7）享受推荐奖励：

①高级合伙人推荐高级合伙人，直接推荐可获奖励 10000 元，间接推荐可获奖励 3000 元。

②高级合伙人推荐合伙人，直接推荐可获奖励 7500 元，间接推荐可获奖励 500 元。

③高级合伙人推荐超级会员，直接推荐可获奖励 4500 元，间接推荐可获奖励 500 元。

④旗下团队，两层以外，每增加 1 个超级会员奖励 300 元，每增加 1 个合伙人奖励 500 元。

（8）享受直接推荐高级合伙人培育奖：

直接推荐高级合伙人团队每增加一个合伙人奖励 100 元；

直接推荐高级合伙人团队每增加一个超级会员奖励50元。

（9）享受间接推荐高级合伙人培育奖：

间接推荐高级合伙人团队每增加一个合伙人奖励100元；

间接推荐高级合伙人团队每增加一个超级会员奖励50元。

（10）享受月度团队业绩奖：业绩不同，奖励标准也不同，如表6-6所示。

表6-6　高级合伙人月度团队业绩标准

团队业绩（万元）	奖励标准（％）
10	1
30	2
50	3
70	4
100	5
150	6
200	7
300	8
500	9
700	10

团队业绩奖注意事项：

①每月计算月度返利，奖金发放后业绩清零，下个月重新计算。

②业绩金额以会员价为标准。

③享受业绩总佣金比例返利。

④赠送市场价值19800元的医美咨询师成交课程。

高级合伙人业绩要求：

（1）一年内消费不低于9800元（会员价）。

（2）一年内团队至少增加一名合作伙伴。

二者满足其一即可，否则取消高级合伙人返利资格。

4. 事业合伙人

条件门槛：12万元整形项目款。

奖金权益：

（1）赠送20万元整形项目款（费用抵扣）。

（2）20万元现金团队补贴：

旗下每产生一名高级合伙人额外奖励5000元（10个名额）；

旗下每产生一名合伙人额外奖励3000元（20个名额）；

旗下每产生一名超级会员额外奖励1000元（90个名额）。

（3）旗下团队业绩，享受公司给予的额外团队业绩总佣金6%的补贴。

（4）无限使用项目引流卡（本人不能使用）。

（5）享受推荐奖励：直接推荐事业合伙人可获得2万元返利和2%的团队业绩佣金。

（6）享受高级合伙人同等奖金返利权益。

综上，本套奖金制度分为四个等级，分别是超级会员、合伙人、高级合伙人、事业合伙人。级别越高，相应的权益返利就越大，顶层的事业合伙人为拔升层级，是针对大团队长或者高投入代理商设置的门槛。

案例二：

1. 会员

条件门槛：支付9800元。

奖金权益：

（1）9800元项目卡。

（2）直接销售医美项目给消费者，获得60%（50%+50%×20%）的销售佣金返利。

（3）通过医美渠道分销项目给消费者，获得剩余50%款项中20%的销售佣金返利。

（4）会员推荐会员可获得2000元现金奖励。

（5）获得直属会员团队销售业绩佣金1%的返利。

（6）享受医院打折价格。

（7）获得会员专属福利政策。

2. 合伙人

条件门槛：

（1）支付19800元。

（2）会员推荐直属三位会员自动升级为合伙人。

奖金权益：

（1）19800元项目卡。

（2）直接销售医美项目给消费者，获得62.5%（50%+50%×25%）的销售佣金返利。

（3）通过医美渠道分销项目给消费者，获得剩余50%款项中25%的销售佣金返利。

（4）合伙人推荐合伙人可获得6000元现金奖励。

（5）合伙人推荐会员可获得3000元现金奖励。

（6）获得直属合伙人团队销售业绩佣金1%的返利。

（7）获得合伙人专属福利政策。

（8）提供商学院课程。

3. 联创合伙人

条件门槛：

（1）支付 39800 元。

（2）合伙人直推 3 位合伙人自动升级为联创合伙人。

奖金权益：

（1）39800 元项目卡或者 3 个会员名额（每人返 8000 元）。

（2）直接销售医美项目给消费者，获得 65%（50%+50%×30%）的销售佣金返利。

（3）通过医美渠道分销项目给消费者，获得剩余 50% 款项中 30% 的销售佣金返利。

（4）联创合伙人推荐联创合伙人获得 14000 元现金奖励。

（5）联创合伙人推荐合伙人获得 7000 元现金奖励。

（6）联创合伙人推荐会员获得 3500 元现金奖励。

（7）获得直属联创合伙人团队销售业绩佣金 1% 的返利。

（8）获得联创合伙人专属福利政策。

4. 事业部——品牌股东

条件门槛：

（1）支付 109800 元。

（2）联创合伙人直接推荐 3 个联创合伙人自动升级为品牌股东。

奖金权益：

（1）三个联创名额（全返）。

（2）直接销售医美项目给消费者，获得 67.5%（50%+50%×35%）的销售佣金返利。

（3）通过医美渠道分销项目给消费者，获得剩余 50% 款项中 35% 的销售佣金返利。

（4）品牌股东直接推荐品牌股东获得 44000 元现金奖励，间接推荐品牌股东获得 5500 元奖励。

（5）品牌股东推荐联创合伙人获得 16000 元现金奖励。

（6）品牌股东推荐合伙人获得 8000 元现金奖励。

（7）品牌股东推荐会员获得 4000 元现金奖励。

（8）获得直属品牌股东团队销售业绩 3% 的返利，间接品牌股东团队 2% 的返利。

（9）公司拿出招商业绩的 10% 作为奖金池，所有品牌股东均分奖金池。

（10）获得品牌股东专属福利政策。

本套奖金制度分为四个等级，分别是会员、合伙人、联合创始人和品牌股东。这套奖金制度是在和渠道门店合作的基础上设计的奖金分配体系。

四、知识付费类平台奖金制度

在社交新零售商业模式下，知识付费类平台的奖金制度有些不同。下面，我们以某儿童早教 App 的奖金制度为例进行讲解。

该儿童早教 App 有三种在线学习卡，其中，月卡 198 元、半年卡 980 元、年卡 1680 元。

1. 会员

条件门槛：购买月/半年/年卡其中任意一种学习卡。

奖金权益：

（1）推荐其他人成为会员可获10%的佣金奖励。

（2）自购和分享非学习卡产品可获30%的佣金奖励。

2. 班主任

条件门槛：

（1）累计消费满8000元。

（2）一次性以7折购买3张年卡（1680×3×0.7=3528元）。

奖金权益：

（1）推荐其他人成为会员可获30%的佣金奖励。

（2）培育新的班主任可获其业绩5%的佣金奖励。

（3）旗下会员推荐新会员可获20%的佣金奖励。

（4）自购和分享非学习卡产品可获50%的佣金奖励。

（5）获得价值365元的父母学院学习卡6张。

3. 园长

条件门槛：

（1）累计消费6万元。

（2）一次性以5折购买30张年卡（1680×30×0.5=25200元）。

奖金权益：

（1）推荐其他人成为会员可获50%的佣金奖励。

（2）培育新园长可获其业绩5%的佣金奖励。

（3）旗下班主任出售学习卡可获 20% 的佣金奖励。

（4）旗下会员购买学习卡可获 40% 的佣金奖励。

（5）自购和分享非学习卡产品可获 70% 的佣金奖励。

（6）价值 9800 元的直播平台账号一个。

（7）线下讲师训练营。

（8）团队打造课程 6 个名额。

（9）线下沙龙培训体系课程。

（10）价值 365 元的父母学院学习卡 60 张。

（11）公司每产生一个月卡销售额，拿出 2% 的佣金放入园长奖金池，其中：50% 由所有园长平均分配，20% 由个人业绩的前 20 名平均分配，30% 按个人业绩与总业绩占比分配，每多平推一个园长多获得一份奖金池平均分配权益。

4. 分公司

条件门槛：一次性 3 折购买 300 张年卡（1680×300×0.3=151200 元）。

奖金权益：

（1）推荐其他人成为会员可获 70% 的佣金奖励。

（2）直接推荐分公司奖励 5 万元。

（3）培育新分公司可获其业绩 10% 的佣金奖励以及后续补货可获补货额 5% 的奖励。

（4）旗下园长出售学习卡可获 30% 的佣金奖励。

（5）旗下班主任出售学习卡可获 50% 佣金奖励。

（6）旗下会员出售学习卡可获 70% 的佣金奖励。

（7）非学习卡产品（自购+分享）可获80%的佣金奖励。

（8）获得价值365元的父母学院学习卡60张。

（9）公司每产生一个会员，拿出会员销售额3%的佣金放入分公司奖金池，其中：50%由所有分公司平均分配；20%由个人业绩的前20名平均分配，30%按个人业绩与总业绩占比分配。每多平推一个分公司多获得一份奖金池平均分配权益。

这是一个儿童早教App的奖金制度，其主要产品是线上早教课程和早教盒子。在整套代理奖金制度中，代理商等级分为四个等级，分别是会员、班主任、园长和分公司。

这套奖金制度采用顶层设计，首先品牌公司招募分公司之后，再由分公司招募园长、班主任及会员，后期通过孵化会员、班主任、园长，实现代理渠道的裂变，从而开发出更多的注册会员，实现会员用户快速增长。

五、社交电商会员制奖金制度

社交电商会员制奖金制度，是用在社交电商分销商城平台上面的代理商奖金制度。常见的社交电商商城有两种：一种是产品销售型社交电商商城，以云集为代表；另一种是淘宝客CPS导购型社交电商商城，以粉象生活、花生日记为代表。这类商场往往以"自购省钱，分享赚钱"为口号进行推广。

社交电商的会员大多分为三个等级，分别为基础会员、高级会员和超级会员。以会员推荐的会员数量和会员销售团队业绩为升级条件，级别越高，返利的金额和比例就越大。

奖金权益分为两种：一种是礼包拉新奖励，另一种是产品销售奖励。

（一）礼包拉新奖励

大礼包：399 元标准礼包，299 元/199 元活动礼包。

采用差价思维模式，不同等级的进货价格不同，各级别代理返利不同。

（二）产品销售奖励

等级差方案：产品可以拿出的佣金为 100%。产品卖出之后，不同等级佣金返利不同，高级获得佣金 80%、中级获得 70%、初级获得 60%，上级获得下级佣金差额（比如，高级可获佣金 80%，中级可获佣金 70%，则上级比下级多获 10% 的差额）。

佣金提成方案：不同等级代理商在销售产品时，其所获得的销售佣金为统一的返利标准，比如每个级别的代理商的产品销售佣金皆为产品总佣金的 70%，但是上级代理商会根据下级代理商的销售业绩额外获得产品销售佣金返利。

在奖励名称上，往往平推奖励被称为培育奖励，旗下团队业绩奖励被称为管理奖励。

下面，我们以某社交电商 CPS 平台的奖金制度为例进行讲解。

1. 普通会员

条件门槛：下载 App，填写邀请码，会员注册，微信或手机号码登录即可成为普通会员，终身免费使用。

奖金权益：电商 CPS 佣金。

（1）自购省钱，获得推广佣金，同时获得最高 58% 的推广佣金返利。

（2）分享赚钱，推荐会员购买产品，获得被推荐会员购买产品返利佣金，最高 5%。

2.VIP 会员

条件门槛：

（1）选购任意 365 元优选礼包，可获得 365 天 VIP 会员权益。

（2）30 天内累计招募 30 个直属会员，可获得 30 天 VIP 会员权益。

以上 2 种方式均可升级成为 VIP 会员。

奖金权益：

（1）电商 CPS 佣金。

①自购省钱，分享赚钱，自己购买产品或者分享链接给他人，最高获得 88% 的推广佣金返利。

②分享赚钱，获得直属普通会员 20% 的推广佣金，间接普通会员 5% 的推广佣金。

③获得直属 VIP 团队电商 CPS 5% 的推广佣金。

（2）VIP 会员大礼包佣金。首次成为会员购买 365 元 VIP 会员大礼包后，后期直推 365 元 VIP 会员大礼包，奖 100 元。

3.高级团队长

条件门槛：

（1）邀请满 20 个有效 VIP 会员，即可自动获得 30 天高级团队长权益。

（2）高级团队长权益有效期的最后 5 天为考核期。在考核期内保持 20 个有效 VIP 会员（含高级团队长），即可自动延续 30 天高级团队长权益。

奖金权益：

（1）电商 CPS 佣金。

①自购省钱，分享赚钱，自己购买产品或者分享链接给他人，最高获得 95% 的推广佣金返利。

②获得直属普通会员 37% 的推广佣金，间接普通会员 32% 的推广佣金。

③获得整个团队所有 VIP 团队电商 CPS 6% 的推广佣金。

④获得直属高级团队长团队电商 CPS 2% 的推广佣金。

（2）VIP 会员大礼包佣金。

①直推 365 元 VIP 会员大礼包，奖 145 元。

②高级团长团队中，每新增一个 VIP 会员，奖 45 元。

③直属高级团长团队，每新增一个 VIP 会员，奖 15 元。

4. 品牌合伙人

条件门槛：

（1）累计 10 条线各育成 1 个合伙人。

（2）持续保持 5 条线各有 1 个有效合伙人。

（3）不足 5 个，超 15 天后降级。

奖金权益：

（1）电商 CPS 佣金。

①自购省钱，分享赚钱，自己购买产品或者分享链接给他人，最高获得 100% 的推广佣金返利。

②获得直属普通会员 42% 的推广佣金，间接普通会员 37% 的推广佣金。

③获得整个团队所有 VIP 团队电商 CPS 10% 的推广佣金。

④获得整个团队所有合伙人团队电商 CPS 4% 的推广佣金。

⑤获得两级联合创始人团队电商 CPS 2%（1%+1%）的推广佣金。

（2）VIP 会员大礼包佣金。

①直推 365 元 VIP 会员大礼包，奖 175 元。

②品牌合伙人团队中，每新增一个 VIP 会员，奖 75 元（只要旗下的 VIP 会员没有做到高级团队长）。

③整个团队中，所有高级团队长团队每新增一个 VIP 会员，奖 30 元。

④两级联合创始人团队中，每新增一个 VIP 会员，奖 15 元。

本制度分为 4 个等级，分别是会员、VIP 会员、高级团队长和品牌合伙人。

返利标准上，采用差额返利标准，也就是说级别越高，返利的比例就越大。下级会员拿走返利之后，剩余的利润全部归上级代理商所有。

六、白酒类社交新零售奖金制度

最近两年，白酒企业也纷纷采用社交新零售的商业模式，顶层采用事业部裂变，中层采用代理商团队裂变，底层采用会员社群经营的方式，建立起新型的有别于传统经销商方式的新模式。具体如下。

1. 代理商进货价格

代理商级别不同，进货价格也不同，如表 6-7 所示。

表 6-7 代理商进货价格

代理级别	进货价格（元）	首次进货数量（盒）	货款总金额（元）
品牌发起人	200	48	9600
品牌合伙人	240	12	2880
会员	268	3	804
市场价格：298元/盒，每件3盒，每盒2瓶，每瓶500mL			

2. 代理商推荐奖励

代理商级别不同，推荐奖励也不同，如表6-8所示。

表6-8　代理商推荐奖励标准

代理级别	推荐级别	奖励标准
品牌发起人	品牌发起人	直接推荐20元/盒
		间接推荐5元/盒
品牌合伙人	品牌合伙人	直接推荐20元/盒
		间接推荐5元/盒

根据规则，平级推荐可获永久性返利，即被推荐者每次进货，推荐者均有返利。另外，该制度不允许低级代理商推荐高级代理商。

3. 团队业绩奖励

累计进货件数不同，进货价格也不同，如表6-9所示。

表6-9　团队业绩奖励

进货累计件数（件）	进货价格（元/盒）
100	160
400	150
1600	140
6400	130
25600	120

根据规则，品牌发起人进货累计件数包含品牌发起人自身进货累计件数、直接推荐品牌发起人进货积累件数以及间接推荐品牌发起人进货积累件数。

4. 运营中心机制

条件门槛：2.98万元货款投入或团队累计进货数量达到25600件。

奖金权益：

（1）产品奖励：获得 2.98 万元市场价格的产品。

（2）后期补货：根据运营中心补货价格等级补货（120 元 / 盒）。

（3）推荐奖励：推荐运营中心，获得直推 1.5 万元现金奖励，间接推荐获得 6 件酒。

（4）分红机制：公司每出一件货就拿出 30 元放入奖金池，所有运营中心均可享有 30 元奖金池分红。分红算法：所有运营中心根据自身团队业绩系数，享受分红奖金，团队业绩优秀的运营中心将会获得更多分红奖励。

这套代理商奖金制度体系分为 4 个等级，分别是会员、品牌合伙人、品牌发起人以及运营中心。

会员采用社群的经营方式维护老会员、裂变新会员，促进会员不断动销。品牌合伙人和品牌发起人采用团队裂变的方式促进代理商渠道裂变，从而裂变出更多的品牌发起人和品牌合伙人。顶层采用运营中心机制，品牌公司向运营中心导入白酒社交新零售商业模式的操作方式，帮助品牌公司裂变出更多的线下运营中心和分公司，从而更有助于品牌合伙人、品牌发起人对会员的开发。

七、轻医美产品代理奖金制度

该制度分为三个板块，分别是引流产品会员裂变动销机制、代理商合作机制和事业部奖励机制。

（一）引流产品会员裂变动销机制

为了促进终端消费者自主裂变，制度设计了底层会员裂变动销机制，底层会员用户根据产品进货数量，享受不同的进货价格，如表 6-10 所示。

表6-10 会员进货价格

团队累计进货盒数	产品补货价格（元/盒）
1	398
2	298
3～10	278
11～30	258
31～80	238

(二)代理商合作机制

1.合伙人

条件门槛：19800货款投资。

奖金权益：

(1)获得产品：20盒市场价格为398元的A产品；10盒市场价格为9800元的B产品，总市场价值为105960元。

(2)产品补货价格：A产品补货价格170元/盒；B产品补货价格1500元/盒。

(3)招商奖励：

招募合伙人，直接招商奖励7000元，间接招商奖励1000元。

招募代言人，直接招商奖励3000元，间接招商奖励600元。

(4)团队补货奖励：合伙人平级推荐合伙人，获得两级补货永久奖励。

A产品：直接补货奖励20元/盒；间接补货奖励10元/盒。

B产品：直接补货奖励100元/盒；间接补货奖励50元/盒。

(5)合伙人培养奖：合伙人直接推荐3个合伙人后，合伙人自己旗下新增代言人，除自己直接推荐代言人返利和间接推荐代言人返利之外，每增加一个代言人，额外奖励 1000 元／人。

2. 代言人

条件门槛：

（1）6800 元货款投资。

（2）会员累计进货达到 50 盒产品，自动获得代言人权益。

奖金权益：

（1）获得产品：5 盒市场价格为 398 元的 A 产品；2 盒市场价格为 9800 元的 B 产品，总市场价值为 21590 元。

（2）产品补货价格：A 产品补货价格 238 元／盒，B 产品补货价格 2950 元／盒。

（3）招商奖励：

招募合伙人，直接招商奖励 2000 元，间接招商奖励无。

招募代言人，直接招商奖励 2000 元，间接招商奖励 500 元。

（4）团队补货奖励：代言人平级推荐代言人，获得两级补货永久奖励。

A 产品：直接补货奖励 20 元／盒；间接补货奖励 10 元／盒。

B 产品：直接补货奖励 100 元／盒；间接补货奖励 50 元／盒。

（三）事业部奖励机制

1. 一星事业部

条件门槛：

（1）累计直推 5 个合伙人。

（2）一次性支付 5.98 万元，获得 3 个合伙人名额（可转让），同时自已获得合伙人资格权益。

奖金权益：

（1）招商奖励：旗下每产生一个合伙人额外获得1500元奖励，旗下每产生一个代言人额外获得500元奖励。

（2）补货业绩奖励：旗下代理团队，每补1盒A产品奖励10元，每补1盒B产品奖励100元。

（3）星级事业部大盘分红：项目回款额的2%，平均分给所有一星事业部。

2. 二星事业部

条件门槛：培养出2个一星事业部，自动升级为二星事业部。

奖金权益：

（1）招商奖励：旗下每产生一个合伙人额外获得1800元奖励，旗下每产生一个代言人额外获得600元奖励。

（2）补货业绩奖励：旗下代理团队，每补1盒A产品奖励15元，每补1盒B产品奖励150元。

（3）星级事业部大盘分红：二星事业部在享受一星事业部奖金池分红的基础上，额外享受专属二星事业部奖金池分红，即项目回款额的2%。

3. 三星事业部

条件门槛：培养出3个二星事业部，自动升级为三星事业部。

奖金权益：

（1）招商奖励：旗下每产生一个合伙人额外获得2000元奖励，旗下每产生一个代言人额外获得700元奖励。

（2）补货业绩奖励：旗下代理团队，每补1盒A产品奖励20元，每补1盒B产品奖励200元。

（3）星级事业部大盘分红：三星事业部在享受一星、二星事业部奖金池分红的基础上，额外享受专属三星事业部奖金池分红，即项目回款额的2%。

4. 集团营销副总裁

条件门槛：旗下有3个三星事业部。

奖金权益：

（1）享受三星事业部所有权益。

（2）在三星事业部基础上，额外享受营销副总裁旗下团队业绩返利。

（3）招商奖励：新增合伙人奖励100元/人、新增代言人奖励100元/人。

（4）补货业绩奖励：A产品奖励5元/盒、B产品奖励50元/盒。

（5）享受营销副总裁扶持政策。

本制度体系中，底层引流产品会员裂变动销机制，主要是通过引流产品，做消费者向会员转变的裂变；中层代理商合作机制，主要分为两个代理等级，通过代理商合作机制，实现会员向代理商的转变；高层事业部奖励机制，主要是放大代理商的上升空间，同时做好团队资源整合。

八、小单累计升级奖金制度

小单累计奖金制度适合单品爆品，产品往往为日常消费品，效果明显，适用人群广。下面，我们以某款减肥产品为例，拆解小单累计升级奖金制度。

（一）代理商产品销售利润

根据代理商的累计订单量，设置不同的产品销售利润，并将其划分为三个代理商等级，即会员、经销商、合伙人，如表6-11所示。

表6-11　产品销售利润

级别/职务	累计单量	A产品的利润（元）	B产品的利润（元）
会员	10	60	75
	50	80	100
	200	100	125
	600	110	140
经销商	2000	140	175
	5000	150	190
	15000	160	200
合伙人	30000	180	225
	60000	190	240
	100000	195	245

奖励说明：奖励实时发放，分为两个部分：90%算入现金积分，10%算入复购积分。现金积分可以转账、购买产品、提现，复购积分只能用来购买产品。

（二）优秀销售商特别奖励

对于产品销量排在前996名的优秀销售商（要求至少直接销售20份399元及以上礼包，复购不算），可平均共享全年总业绩的2%的提成奖励，奖励实时发放，随时可提现。

（三）新增业绩奖励

经销商：总业务销售礼包订单量达15000单的经销商，可享受团队新增业绩1%的奖励。

合伙人：总业务销售礼包订单量达 100000 单的合伙人，可享受团队新增业绩 2% 的奖励。

（四）合伙人激励政策

1. 城市合伙人

条件门槛：培养至少 3 个总业务销售礼包达 10000 单的合伙人。

奖金权益：

（1）当月收入 5% 的奖励。

（2）新增单量 3 元 / 单的奖励。

（3）团队新增业绩 2.5% 的奖励。

2. 企业合伙人

条件门槛：培养至少 3 个城市合伙人。

奖金权益：可获得企业合伙人旗下城市合伙人的销售业绩奖励。

（1）当月收入 10% 的奖励。

（2）新增单量 2 元 / 单的奖励。

可获得企业合伙人旗下总业务销售礼包达 10000 单的合伙人的销售业绩奖励。

（1）当月收入 5% 的奖励。

（2）新增单量 5 元 / 单的奖励。

（3）团队新增业绩 3% 奖励。

九、商业培训课程奖金制度

商业课程培训企业在向市场推广课程时，原先采用课程代理商的推广方式。随着社交新零售商业模式不断向不同的行业扩展，商业课程培训企业也开始采用社交新零售奖金制度进行代理商的招商。

下面是一家培训课程企业的代理奖金制度。

（一）课程合伙人

条件门槛：支付 2.98 万元学习费用。

奖金权益：

（1）课程赠送：2 个 A 课程名额、5 个 B 课程名额，总价值 49600 元。

（2）招商返利：招商同级别课程合伙人，直接招商返利 40%，间接招商返利 10%。

（3）课程分销返利：

①自己销售课程，公司直接给予 30% 的课程学费返利。

②课程合伙人销售课程，给予直接推荐人 5% 的课程分销返利，间接推荐人 5% 的课程分销返利（课程合伙人直属上级若为城市合伙人，由城市合伙人发放；若直属上级为公司，则公司直接发放）。

（二）城市合伙人

条件门槛：支付 5.98 万元学习费用。

奖金权益：

（1）课程赠送：4 个 A 课程名额、8 个 B 课程名额，总价值 95040 元。

（2）招商返利：

①招商课程合伙人或城市合伙人，直接招商返利 50%，间接招商返利 10%。

②招商事业合伙人，直接获得招商返利 20%，无间接招商返利。

（3）课程分销返利：

①自己及旗下课程合伙人销售课程，公司直接给予50%的课程学费返利。

②城市合伙人销售课程，公司额外给予直接推荐人5%的课程分销返利，间接推荐人5%的课程分销返利。

（4）城市合伙人月度销售奖励：

奖励获取条件：招商业绩＋旗下团队销售课程业绩。

销售奖励标准根据业绩金额不同而有所区别，如表6-12所示。

表6-12　城市合伙人销售奖励标准

业绩金额（万元）	返利标准（%）
1.5	1
3	2
5	3
10	4
15	5
20	6

其中，月度销售返利按照月度进行业绩计算，返利之后业绩清零，下月重新计算。本奖励由公司直接返利。

（5）城市合伙人扶持权益：

①获得本地区招生资格。

②获得公司给予的沙龙会扶持，城市合伙人负责邀约，公司给予成交帮扶。

③获得100个线上学习资格名额。

④获得学员市场开发系统扶持，帮助城市合伙人进行学员市场开发。

⑤获得团队裂变系统市场扶持,帮助城市合伙人进行团队招商。

(三)事业合伙人(分公司)

条件门槛:支付19.8万元学习费用并缴纳2万元押金。

奖金权益:

(1)课程赠送:10个A课程名额、10个B课程名额,总价值237600元。

(2)招商返利:公司留取20%的利润,事业合伙人留取80%的利润。

(3)课程分销返利:公司留取20%的利润,事业合伙人留取80%的利润。

(4)分公司推荐返利:事业合伙人推荐事业合伙人,直接推荐给予30%一次性推荐返利,间接推荐给予5%一次推荐返利。

城市合伙人推荐事业合伙人给予一次性20%的返利。

(5)大盘奖金池分红:事业合伙人享受总公司课程销售利润10%的大盘分红。

综上,本套制度分为三个等级,分别是课程合伙人、城市合伙人和事业合伙人。课程合伙人为普通的课程分销者,利用自己的资源进行课程售卖;城市合伙人是以城市为中心,建立城市据点;事业合伙人属于分公司,公司占股经营。

十、单品分销裂变制度

单品分销裂变制度有很多种类,现分享一家做得不错的单品分销裂变制度,适用于500元以下的单品,实物产品、虚拟产品都可以操作。这套制度重模式,轻产品,比较适合在半年左右快速地推一遍产品,不太适合建立团队。

（一）会员机制

条件门槛：消费满 499 元成为会员。

奖金权益：

（1）可生成自己的推广码。

（2）销售 499 元 / 套盒，利润 100 元 / 套盒。

（3）成为代理后，终生享受免费洗衣液，免费洗面奶，免费面膜，免费美妆产品等，购买这些免费的产品时需自己承担邮费。

（二）代理机制

条件门槛：销售两个会员自动升级代理商。

奖金权益：

（1）销售 499 元 / 套盒，获得直推奖励 300 元 / 套盒。

（2）旗下会员出单提成 200 元 / 套盒。

（3）升级代理商时，旗下两个会员留给直属上级代理商，自己重新建立团队。

（4）旗下会员升级为代理商，获得 400 元奖励。

（三）星级合伙人机制

1. 一星合伙人

条件门槛：旗下团队产生 20 个代理商。

奖金权益：旗下代理商团队每产生一个新的会员，在代理奖金权益基础上额外获得 30 元返利。

2. 二星合伙人

条件门槛：旗下有直属 3 个一星合伙人。

奖金权益：旗下代理商团队每产生一个新的会员，在代理奖金权益基础上额外获得 60 元返利。

3. 三星合伙人

条件门槛：旗下有直属 3 个二星合伙人

奖金权益：旗下代理商团队每产生一个新的会员，在代理奖金权益基础上额外获得 80 元返利。

4. 四星合伙人

条件门槛：旗下有直属 3 个三星合伙人。

奖金权益：旗下代理商团队每产生一个新的会员，在代理奖金权益基础上，额外获得 100 元返利。

本套代理奖金制度共有三个层级，分别是会员、代理、星级合伙人，是适用于从下往上累计升级的招商制度。

本套制度有一个特点，就是会员升级为代理商之后，旗下的两个会员会留给原有代理团队。这就使留下的两个会员，如果升级到代理商级别，其推荐的会员的返利差额会留给原有代理商，并且会员升级代理商，促进 2×2 无限层裂变，裂变层级越多，会员基数就越大，代理商返利就越多。

以上给大家介绍的是 10 种比较有代表性的代理商奖金制度，每种奖金制度都有各自的特色，在企业实际运营过程中，可根据自身的实际情况选择不同的奖金制度。

当然，上面的 10 种代理商奖金制度主要供企业家在设计代理商奖金制度时参考，不宜直接搬到自己的企业中来使用，也不能说这些奖金制度哪种制度最好，哪种不好，其实适合企业自身的奖金制度就是好的制度。

因此，企业在设计制度的时候，一定要充分考虑企业的独特性，设计出一套适合自身发展的、优秀的代理商奖励制度，促使团队裂变，最大限度提升销售业绩。

第四节　如何科学设计自己的奖金制度

前面已反复提到，每家企业的自身情况不同、产品不同、项目起盘时间不同，所以奖金制度必须有所区别，这样才能发挥出最好的效用。

那么，企业应该如何科学设计自己的代理商奖金制度呢？从我辅导企业多年的实操经验来看，至少要从三个方面去考虑：一是要正确认识代理商奖金制度；二是要选择合适的代理商奖金制度；三是要计算代理商奖金制度最大返利金额波比。

一、正确认识代理商奖金制度

首先，代理商奖金制度只有符合企业实际和自身特点，才能发挥更大威力。每家企业的情况不一样，招商能力、培训能力、资源情况、运营能力都有区别。即使企业的产品相同，代理商奖金制度也会有所不同。换句话说，别人的奖金制度用得好，业绩做得好，不一定你就能做好。

其次，奖金制度不是一成不变的。奖金制度会根据项目的发展进程，不断进行升级和更新。很多没有经验的品牌操盘手认为，制度一旦定下就不能修改，真实情况并不是这么绝对的。当团队人数变多时，可以适当提高门槛；当企业发售新品时，可以降低门槛进行项目的卡位；当企业做引流产品的时候，也可以重新制定一套制度让代理商去招商。

最后，代理商奖金制度务必要根据团队的具体情况去调整规则。奖金制度设计的核心因素不是产品，而是企业的资源整合能力、招商能力、复制能力和培训能力，奖金制度体系可以根据这些条件的变化进行适时更改。

二、选择合适的代理商奖金制度

1. 企业只有一个单品或项目，可选择层级类的奖金制度

升级方式可以选择一次性购买升级或累计升级。累计的方式可以选择业绩累计或推荐人数累计。奖金权益包含首次货款、团队招商奖励、团队补货奖励、进货折扣差额、团队业绩奖励、奖金池分红奖励等。

比如，企业想做一个商城，里面有很多产品，要通过代理商做产品分销，可以采用社交商场会员制。其升级方式，可以以产品的销售业绩或者旗下会员数量，作为各等级会员的区分门槛。奖金权益包含礼包销售分红、产品销售佣金、会员招商佣金、会员团队培育奖、高层会员大盘分红等。

2. 价格高、利润空间大的产品，可选择大金额返利类的奖金制度

这种奖金制度的升级方式，可按照货品投资款的大小划分代理等级，并采用累计升级或者一次性投入的方式确定代理等级。奖金权益包含首次获得权益、招商奖励、分销奖励、下级代理商补货差额佣金、顶层事业部

返利、大盘分红等。

事实上，代理商奖金制度看似有很多种，但其内核是相通的，不同种类的奖金制度无非是不同规则的组合。从专业操盘的角度来看，制度设计的专业要求是比较高的。企业如果希望设计一套适合自己的代理商奖金制度，最好找专业的操盘手或专业的操盘公司来做相关的辅导，这样更容易达到预期效果。

在实操过程中，有些企业在制度设计上会犯一个错误，就是套用或者搬运其他企业的代理商奖金制度。这种方式看似简单，但结果却可能直接导致整个项目失败。出现这种情况，是因为新起盘的企业和拥有火热项目的企业相比，各自的运营能力、资源情况、代理基数等条件完全不同。搬运火热项目的代理商奖金制度很容易水土不服，出现门槛不适应、奖金权益吸引性不够等问题。另外，每家企业的运营利润波比是不同的，在设计奖金制度时，都有利润波比最大安全线，若搬运别人的代理商奖金制度可能会导致返利过多和亏损情况的发生。

2018年，江苏省徐州市的一家护肤品企业找到我，此时，这家企业起盘已经有一个多月，收款有三四十万元。但在招商的过程中，企业老板一直觉得奖金制度用起来很别扭、不通畅，导致项目的回款不理想。该企业老板有多年的直销团队基础，根据他的经验，一个月只带来三四十万元的回款太少了。更让他吃惊的是，在月末进行奖金发放时，其发现返利之后公司是亏损的，返的钱比利润还要多。于是他赶紧来上海找我沟通，沟通之后，我找到了问题的症结，原来他是搬用了其他家企业的代理商奖金制度，对方的最大返利金额波比安全线他并不清楚，所以导致项目出现亏损。

了解情况后，我去了这家企业调研，并且和公司其他股东座谈交流，然后用一天的时间对现有的代理商奖金制度进行优化修改。新制度结合了该企业团队的基础情况、团队对奖金制度的接受度以及企业的运营成本等因素，并设计了最大返利金额波比安全线。此后，该企业严格按照新的制度去执行，5个多月后，该企业回款达到了1000万元。

由此可见，在一个新项目起盘之初，一定不要因为别人的项目火就盲目选择和别人一样的产品，用和别人一样的代理商奖金制度，而应该根据自己的资源选择合适的产品，根据自己的企业情况，制定科学合理的奖金制度，这样才能确保项目成功。

三、计算代理商奖金制度最大返利金额波比

一个代理商奖金制度初步设计好之后，接下来要做一个非常关键的工作，就是计算代理商奖金制度最大返利金额波比。最大返利金额波比决定着公司返利的安全线，同时也关乎企业的盈亏空间。

计算最大返利金额波比，一般分三步：第一步，确定最高级别的供货价格；第二步，确定产品的出厂成本；第三步，计算所有奖励制度体系返利金额总和。

其中，单个产品最小的利润金额为：最高级别供货减去出厂成本，再减去奖励返利总额。

据此严格计算得出的最小利润金额则为产品的最小利润，也就是至少

可赚到的利润。

最小利润金额除以最高级别供货价，会得出一个百分比数据，以我的经验来看，大多数产品的利润百分比在20%～30%，但部分引流产品在10%以内。

第七章
招商裂变体系

社交新零售商业模式企业的核心运营能力在于其招商能力。毫不夸张地说,强大的招商能力是社交新零售企业运营的生命线。

本章主要讲解了线下团队复制裂变系统、线上公域流量转化系统和社群营销成交转化系统三个系统,通过拆解其执行流程和步骤,帮助社交新零售企业建立专业化的团队招商裂变体系。

第一节　正确认识代理商招商裂变体系

前面提到，采用社交新零售商业模式的企业和传统的企业相比，在商业模式上有所不同。传统企业的目标客户是产品的消费者，而采用社交新零售商业模式的企业的目标客户是企业的合作伙伴，更精准一点说，是企业的代理商。

在社交新零售商业模式体系下，企业的工作重点是招募代理商和培训代理商，工作目标是增加代理商的人数。代理商的人数越多，企业的销售渠道就越多，企业能够抢占的市场份额也就越大，获得的销售业绩也就越好。

代理商团队人数裂变式增加，是社交新零售商业模式企业的核心命脉。做好代理商团队招商，不仅要求企业运营人员拥有强有力的招商能力，更要求企业有完善、系统、专业化的团队裂变招商体系。因此，建立健全系统化、专业化的团队招商裂变体系，是每一家社交新零售商业模式企业必须要做的基础性工作。

一、团队招商裂变体系是项目发展的根本动力

社交新零售商业模式项目在运营中有两个非常重要的板块，即招商板

块和培训板块。

一个社交新零售商业模式项目能不能做起来并且做好，关键在于其招商体系强不强。一个社交新零售商业模式项目能否走得远，关键在于其培训体系强不强。可以说，招商体系和培训体系是支撑社交新零售商业模式项目向前发展的根本动力。

二、团队招商裂变体系是项目取得成功的关键

在众多社交新零售商业模式项目中，有的企业招商做得非常好，而有的企业做得并不好，其根本原因并不在于企业规模的大小和运营人员能力的强弱，而在于其招商体系是否健全和专业。

在我操盘辅导的品牌企业中，如果对方有直销经验或者团队经验，就相对容易取得非常好的成绩。这是因为这些企业招商团队非常专业，只要把过去做直销的招商经验搬过来，再加上一些专业化的辅导和系统化操盘体系，项目成功的概率就会大大提高。

2020年8月，我操盘辅导了一家河北省保定市的奶茶减肥产品项目。9月开始起盘招商。项目发展得很快，到2021年5月，回款已经超过了2000万元。

这家企业为什么发展得这么快？关键是品牌的核心股东团队都是多年的直销从业者，他们在团队招商、团队培训方面非常有经验。另外，该企业手里也掌握了很多团队资源，所以在项目起盘之后能取得不俗的战绩。

三、团队裂变招商和传统招商的区别

有的老板认为自己过去一直在做招商，现在做社交新零售商业模式项

目应该具备很大优势。的确，有招商经验的从业者做社交新零售商业模式类项目有天然的优势，但并不意味着你只要做过招商，就一定能做好社交新零售商业模式项目。这是因为社交新零售商业模式项目的招商体系和传统的招商体系有着本质的不同。

传统招商属于渠道型招商，社交新零售商业模式项目属于团队裂变型招商。传统渠道招商采用的是广告投放、渠道沟通、资源对接、招商会议、渠道代理维护等方式，不需要培训代理商持续性招商，也不需要形成代理商团队，相当于没有绵密的上下级招商关系，也没有老带新的扶持体系。

但团队裂变型招商则不同。这种招商模式，不仅要通过各种方式招到代理商，同时还要培训代理商，帮扶代理商，让代理商持续招商，持续裂变，从而使代理招商群体增加，获取更多的代理商渠道，进而实现项目的长久发展。

想做好社交新零售商业模式项目，就一定要做好团队裂变型招商。团队裂变型招商，不是指单次的招商会议，也不是指单次的沟通，而是指一套可以使代理商团队不断自我招商、自我复制、自我裂变、自我成长，并不断循环的招商体系。

我专注于社交新零售商业模式项目操盘辅导，迄今为止，已经操盘辅导了200多家企业。在这些企业中，有2~3人的初创型企业，也有一年回款几十亿元、团队成员达到几十万人的成熟企业。有典型的微商企业，也有通过团队裂变机制进行代理商渠道开发的传统企业。

结合上百家社交新零售商业模式企业的操盘运营方式，再结合自身的经验总结，我给大家提供三种团队型招商裂变系统——线下团队复制裂变系统、线上公域流量转化系统和社群营销成交转化系统。下面进行详细分析。

第二节　六步建立线下团队复制裂变系统

一、团队复制裂变系统的定义

团队复制裂变系统，是一套团队裂变型招商的落地执行方案，主要目的是帮助社交新零售企业的代理商团队建立一套自我招商、自我培训、自我裂变、自我复制、自动运转的执行系统。

这套体系可以让一个新进入的、无经验的初级代理商逐步成长为一名可以帮扶其新招代理的代理商。团队复制裂变一共有六个步骤，如图7-1所示。

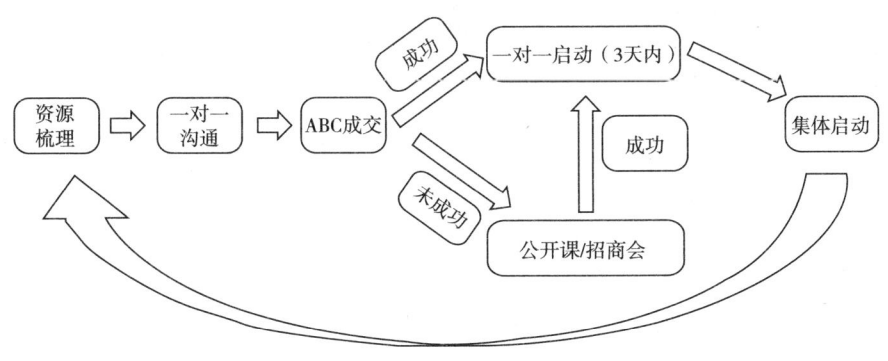

图7-1　团队复制裂变的六个步骤

二、团队复制裂变系统执行步骤

第一步：资源梳理

很多新进入团队的代理商，开始进行产品销售和团队招商时，没有客户资源或者流量入口。此时，不要急于向陌生人引流，而是应该根据个人的实际情况，进行资源的梳理，寻找意向销售渠道或意向代理商。

1. 具体操作方式

老代理扶持新进代理，帮助新进代理把之前认识的人、有利于市场开发的渠道或方式写在纸上，进行资源梳理。其中的信息包含姓名、年龄、职业、和你的关系、经济情况、需求、能力等，列一份资源名单。

在这个资源名单中，可以是人、销售渠道，也可以是合作的资源。换句话说，就是把一切有助于销售或者有助于招商的资源全部罗列出来。

2. 准备课件资料

品牌方企业要整理一个培训PPT课件，内容包含新代理商资源梳理方法，由老代理商给新代理商做方法培训。

第二步：一对一沟通

把资源名单整理好之后，就需要根据资源名单上的信息，去逐个沟通，进行产品的销售和项目的招商工作。

资源名单上的人和渠道都是之前和老代理商有过联系、具有信任基础的。销售的基础是信任，这些资源有利于新进代理商去沟通和成交，同时也起到锻炼新进代理商成交话术的作用。

1. 具体操作方式

根据资源名单上的人或者渠道，进行一对一沟通。

2. 沟通话术

对于资源名单上的人群，沟通时需要一定的话术，主要分为两个方向：一是针对对项目感兴趣的人群的沟通话术，二是针对对产品感兴趣人群的沟通话术。

（1）针对对项目感兴趣的人群，主要进行项目沟通，沟通内容包含：市场环境，包括行业痛点、市场痛点、大环境痛点等；项目介绍，包含项目定位、市场空间、产品卖点等；运营体系，包含商业模式体系、代理盈利体系、招商裂变体系、代理培训体系、私域营销体系、活动运营体系等。

（2）针对对产品感兴趣的人群，主要进行产品的沟通，沟通内容包含：产品故事、产品功效、产品成分、产品背书、消费者案例（正反案例）、产品效果展示对比等。

3. 准备课件资料

针对代理商的一对一沟通，企业要准备好专门用于"代理商一对一沟通话术"的PPT课件。同时，还要把这个课件提供给代理商，作为其后期与客户或代理商一对一沟通的指导性文件。

4. 老带新沟通帮扶

当我们开始进行一对一沟通遇到困难时，前3个意向客户可以向上级寻求帮助。这就要求我们在给代理商做新人启动培训时要告知代理商，以后也要去帮扶自己的新进代理商。

第三步：老带新ABC成交机制

老带新ABC成交机制是一种销售成交的帮扶机制，是由你的直属上级帮助你成交新的客户。

其中，A 指你的上级代理商，B 指你，C 指需要进行沟通的新代理商或新客户。

当新人代理商缺少销售和招商经验时，可以得到其直属上级代理商的帮助，辅助其进行销售和招商。同时，当新人代理商拥有自己的团队之后，也要帮助接下来新加入的团队伙伴进行相关的销售和招商。

1. 具体操作方式

在设计奖金制度的时候，一定要设计同级别代理商两层返利，这也是老带新 ABC 成交机制的要求。只有让代理商之间的利益相关联，老代理商才会帮助扶持新的代理商去开发市场，否则该机制就很难执行下去。

2. 准备培训课件资料

企业准备"代理商 ABC 成交法则"PPT 课件，用于讲解和指导代理商 ABC 成交帮扶环节。

第四步：老带新一对一启动培训

在代理商招募到新的代理商之后，代理商要给新代理商做一对一的培训，帮助新进代理商快速了解项目运营的方式方法，这就是老带新一对一启动培训。

1. 具体操作方式

在招募到新代理商之后，3 天内，由代理商对新代理商进行一对一培训。时间可以是半天到一天，培训场所地点不限，可以在茶馆、咖啡馆，也可以在会议室。

2. 讲解内容

需要讲解的内容分三大板块。

第一板块：项目介绍、商业模式、产品体系、代理盈利体系、招商裂变体系、培训扶持体系等。

第二板块：帮助新代理商建立项目认同感和信任感，帮助新代理商制订工作计划。

第三板块：协助新代理商进行资源梳理工作。

同时，当你给新代理商做培训时，若感觉自己经验不足，依然可以找自己的直属上级进行老带新的帮扶，协助自己进行新代理商的一对一的新人启动培训。

3. 准备课件资料

企业准备"老带新一对一启动培训"PPT课件，用于老代理商给新代理商进行的一对一启动培训。

第五步：线下招商会/线上公开课

由团队或公司举办会议，老代理商邀约意向代理商参加会议，通过会议的形式招募新代理商。

1. 具体操作方式

当我们对意向代理商或者消费者进行一对一沟通后，若还未成交，这时候可以用集体的力量去促成其成交。具体做法是，把他们邀请到会场，通过宣讲以及会场的氛围影响，达成销售。

会议的形式可以分为线上和线下，线上的会议往往叫作线上公开课，线下的会议叫作线下招商会议。

（1）线上公开课：线上公开课主要是通过微信群进行讲课。拉群之后，在微信群里直接以语音或文字的方式讲课，现在多采用视频讲解的形式，在讲解时常用到腾讯会议软件。

线上会议的关键不在于人数的多少，而在于信息的传达。有一些新起盘的企业在一开始代理商不多的时候，觉得人少，没必要开线上或线下的会议。其实这是错误的想法，不管人多人少，会议都应该开。

我曾在上海辅导过一家企业，由于疫情影响，其线下会议开不了。因此这家企业非常注重线上的会议，基本上每天都会开1～2场的会议，中午有一场，晚上有一场，都是通过腾讯视频会议进行线上的项目讲解。代理商负责邀约，由总公司专业的讲师负责讲解。这样可以很好地完成项目的讲解和传达，即使代理商此前给意向客户进行过项目的讲解，但不一定全面详细，再一次听线上讲解课，有助于意向客户对项目进行更加深入的了解。

（2）线下招商会：线下招商会的形式有大有小，小的叫沙龙会，大的叫招商会，会议的形式不限。

线下招商会主要涉及三个板块，分别是会前、会中和会后。

其中，会前需要做四个方面的工作：一是选择会议场地，根据人数多少可以选择茶馆、饭店、会议室等不同场所，人少可以以喝茶、吃饭的形式交流，人多可以以会议的形式进行；二是邀约参会者，邀约之前有过一对一沟通的客户；三是确定分享嘉宾，需要项目讲解负责人1人、运营体系讲解负责人1人、案例分享人2人；四是对参会人员摸底，开会前邀约人分享被邀约人情况。

会中就是开会，会议流程一般涉及六个方面：一是播放暖场视频；二是进行项目讲解，讲解板块涉及项目定位、行业空间、市场痛点等方面；三是讲解运营体系，包括产品体系、商业模式体系、招商体系、培训体系、引流体系、活动方案体系等；四是代理商案例分享；五是产品体验、产品试验；六是收单，现场放出活动政策，招收代理商。

会后的工作分为三个部分：一是会议总结，总结本次会议得失；二是跟踪客户，尤其是跟踪未成交客户；三是培训新加入的代理商。

2. 准备课件资料

在这个环节，我们要准备的课件有线上公开课招商PPT课件、线下招商会招商PPT课件和线下招商会流程参考资料。

第六步：代理商集体启动培训

到了一定阶段之后，公司会进行代理商集体培训。代理商集体启动培训主要有两大目的：一是对代理商进行干货培训，二是促进低级代理商升单。

1. 具体操作方式

公司举办的代理商集体启动培训，是针对新代理商的系统化培训课程，往往是线下课程会议，时间是2～3天，地点在公司会议室或酒店会议室。

2. 讲解内容

讲解的内容涉及项目定位、商业模式、产品体系、制度体系、招商体系、培训体系、私域营销体系、产品动销体系、目标设定等相关的内容，目的是让新代理商学习整个项目运作的机制。

除此之外，集体启动培训还有另外一个目的，就是促进低级代理商升级为高级代理商，所以在集体启动时，通常会安排低升高的升单活动。

3. 准备课件资料

企业要准备"代理商集体启动培训"PPT课件，用于启动集体培训，培训主体为企业和代理商团队。

这就是团队复制裂变系统的六大执行步骤，团队复制裂变系统，重在复制，贵在执行，只有实现团队的复制才能实现团队的裂变。当代理商走完上述六个步骤之后，接下来就要回到第一步——资源梳理阶段，帮助新代理商进行资源梳理，然后不断循环往复。

三、团队复制裂变系统的重要性

团队的复制是指让每个新代理商都重复去做老代理商做过的工作，每一个代理商做的工作都是一样的，这样就可以完成对新人的培养，促使新人快速成长，从而推动整个团队不断地进人、育人、留人，发挥出裂变的威力。

团队复制裂变系统，既规定了每一个流程步骤，又对每一个流程步骤准备了相应的培训课件和执行流程。只有这样，代理商团队才能持久不断地去裂变，助推业绩裂变。

社交新零售商业模式项目的核心工作在于招商和团队培训。由此可见，企业与企业之间，行业与行业之间的竞争，胜利者永远属于专业的企业和专业的团队。

但有些社交新零售企业根本没有代理商的招商体系和培训体系，主要是因为很多企业是第一次起盘，没有团队运营的经验。在今天的社交新零售商业模式市场中，不建立代理商的招商裂变和代理培训体系的项目，很难取得很好的效果，企业也走不长远。

为什么会这样呢？这是因为项目启动后，企业老板利用自身资源的确可以招募到一批代理商，但是因为没有给代理商导入招商体系和培训体系，代理商没办法实现二次裂变，而没有实现二次裂变的代理商团队，很快就会做到尽头。

第三节　三步建立线上公域流量转化系统

一、公域流量转化系统的定义

一切生意的本质是流量，流量是一个项目取得成功的基础，社交新零售商业模式项目依然如此。社交新零售的从业者希望获得持续不断的消费者和代理商，就必须有一套行之有效的流量获取系统。其中，公域流量的转化，必不可少。

建立公域流量转化系统的目的在于帮助每一位代理商建立持续流量进入机制，通过各大公域流量平台引流意向粉丝，导流到自己的私人微信号上，从而完成代理商的招商和产品的销售工作。

公域流量转化系统共分为三个板块，分别是公域流量吸粉系统、个人

IP打造系统和私域流量池经营系统，如图7-2所示。

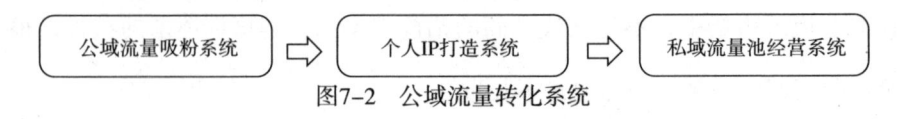

公域流量吸粉系统 ⇒ 个人IP打造系统 ⇒ 私域流量池经营系统

图7-2 公域流量转化系统

二、公域流量转化系统执行步骤

1. 公域流量吸粉系统

公域流量吸粉系统的流量进入主要有两个渠道，一是线下自有资源渠道，二是线上自媒体渠道。具体做法是，线上通过精准内容营销和线下通过活动引流，锁定和吸引精准目标客户群体，把精准目标客户引流到个人微信号上。

（1）自有资源渠道流量入口：梳理自有资源渠道，设计引流活动，吸引精准目标客户群体参与，并将其导流到个人微信号上。

（2）自媒体引流流量入口：注册自媒体矩阵平台（如微信公众号、头条号、小红书、百家号等），坚持进行垂直领域干货内容的输出，吸引目标粉丝群体，并将其导流到个人微信号上。

2. 个人IP打造系统

设置标签，通过垂直专业内容输出，打造个人IP，获得精准粉丝人群信任，吸引精准粉丝人群关注并完成转化。

（1）撰写个人IP介绍。设立行业关键词、服务关键词、专业关键词、产品关键词，明确个人IP形象。常用个人IP简介撰写公式是："姓名＋名头＋从业经验（以数字描述）＋行业梦想"。

举例：王介威，国内知名社交新零售项目操盘辅导专家、团队裂变代理商奖金制度设计专家、社交新零售商业模式顶层构架专家；从2016年至今，累计操盘辅导200多家社交新零售企业，培训操盘运营人员1000多位；致力于推动中国社交新零售商业模式发展。

（2）准备专门用来承接网上流量的商务微信号。建议专门准备一个微信号，并对其进行装饰，用来承接公域流量平台过来的粉丝流量，然后进行粉丝的沟通、成交和转化。

（3）进行个人品牌软文推广，通过软文推广，建立个人网络信任背书。通过网络软文的形式，投放个人介绍的相关文章，打造互联网个人品牌霸屏推广，从而建立个人品牌背书。

3.私域流量池经营系统

只有加到自己微信号上的粉丝才可以称为自己的私域流量。我们通过公域流量转化系统吸引大量的粉丝添加我们个人的微信号，也就进入了我们的私域流量池。此后，需要通过精细化经营私域粉丝池里的粉丝，进而把粉丝转化成我们的消费者或者代理商。

更好地转化私域流量池里的粉丝，需要专业化的执行步骤。

（1）装饰个人微信号。包括头像、朋友圈背景图及个性签名。

（2）精细化朋友圈发文内容。通过发朋友圈影响粉丝，得到粉丝的认可。

（3）一对一沟通微信好友。通过详细沟通，了解微信好友的情况并进行沟通转化。

（4）进行微信用户标签管理。备注添加时间、渠道来源、意向程度、沟通信息等相关内容。

（5）活动微信群发。我们平日接到的微信活动通知，80%来自群发。

（6）目标客户沟通成交话术。在和目标客户沟通的过程中，给出答案的同时给出结果，结果就是视频和图片，以快速获取目标客户的信任。

（7）批量化经营微信号。当第1个微信号加满之后，准备第2个微信号，目标是加满10个微信号，每个微信号1万人，10个微信号共10万人。

（8）通过经营微信号，建立私域粉丝流量池。把粉丝群体逐步转化成为消费者或代理商。

如今，很多项目成功，其基础在于拥有持续不断进入的流量，公域流量转化系统，是社交新零售商业模式的主要流量来源。这种模式可以帮助每一位社交新零售的创业者建立属于自己的流量系统，持续获得消费者和意向代理商，从而推动项目稳定发展。

第四节 五步建立社群营销成交转化系统

一、社群营销成交转化系统的定义

社群营销成交转化系统，是指通过社群营销的方式，把粉丝人群转化成消费者，然后促进消费者向合伙人转变，这个系统适用于流量充沛、粉丝存储量较多的项目。

社群营销成交转化系统有两大目的：一是把粉丝转化成消费者，实现产品盈利；二是把消费者转化成合作伙伴，实现招商盈利。

二、社群营销成交转化系统执行步骤

第一步：收集粉丝人群

通过各种渠道，整理收集粉丝人群，引流到个人微信号。

（1）通过各种渠道整理收集粉丝人群，比如公域粉丝池、产品购买者、电商购物人群、到店人群、礼品领取人群、活动参与人群。

（2）把粉丝人群引导到个人微信号上，进行一对一沟通成交和微信营销。

（3）企业在运营的规程中不断积累粉丝人群，建立微信号矩阵和微信群矩阵，从而建立粉丝流量池矩阵。

第二步：把粉丝转化成会员

当微信号和微信群积累了一定数量的粉丝后，粉丝通过购买产品，成为会员用户，进入会员群，会员群成员享受购物折扣。

（1）微信号积累粉丝人群，通过微信群的方式和粉丝人群进行互动。

（2）进行粉丝人群的转化，购买指定产品成为项目的会员用户，进入会员群后享受购物折扣。

（3）对会员群进行精细化管理，通过日常礼物赠送、产品拼团、优惠产品抢购、游戏等形式，增加用户人群互动。

第三步：把会员转化为代理商

会员通过购买高价固定产品或者进货达到一定数量，成为代理商，拥有分销权限。

（1）设定代理商级别门槛，会员通过购买高价固定产品或者达到一定进货数量成为代理商，邀请其进入代理商群，进入代理商群后拥有产品或项目的分销权限。

（2）培训代理商，主要培训产品销售技巧、招商技巧以及消费者引流方法。

（3）代理商通过学习引流方法，积累具有消费意向的人群，邀请购买产品的消费者进入微信社群，然后专业化经营消费者社群。

第四步：把代理商转化为合伙人

第五步：建立合伙人奖金制度和建立合伙人招商裂变机制

（1）设定项目合伙人级别门槛，代理商通过购买升级或累计升级方式，升级为项目合伙人，成为合伙人之后，拥有团队招商权限。

（2）邀请代理商进入合伙人群，对合伙人进行系统培训。

（3）合伙人根据学到的方法，进行引流和代理商的招募，重复社群裂变方法。

通过社群经营的方式，企业可以把最初的粉丝转化成最终的合伙人，社群营销的方式为代理商招商提供了新的迭代型合伙人招募机制。

社群营销成交转化系统比较适合有一定粉丝群体或用户基础的社交新零售项目。值得注意的是，无论是经营粉丝、经营消费者，还是经营代理商和合伙人，每一个层级都需要用心去做，并给予相应的奖金奖励，才能取得更好的效果。

有一年，我在广州开《顶级操盘》社交新零售商业模式总裁班线下课程时，有位老板向我咨询如何搭建项目的招商体系。这位老板在广州市白云区经营了7年电商企业，采用阿米巴的经营模式，一年可以做到五六亿元的规模。由于电商行业这两年也做得比较艰难，他现在转型社交新零售项目，启动了护肤品新零售项目。

对这个老板来说，他没有做过会议型招商，也没有带过裂变型团队，并不擅长自媒体引流。而他擅长的是电商运营，其中电商客户的维护也是他的常规工作，其手里有30多个电商消费者的微信号。

那么这位老板该如何运作呢？首先不急着去线下招商，而是基于现有的资源和运营能力，通过社群营销的方法去转变自己的电商粉丝资源，把电商粉丝资源变成会员，再通过群培训、群运营的方式，把会员变成代理商，再从中挑选优秀的代理商将其转化为项目的合伙人（更高级别的代理商），并且不断赋能代理商和合伙人，帮助代理商和合伙人做新的市场开发。做完前面几步还不够，还要在这个过程中找一些有团队基础的代理商合作，赋能有团队基础的代理商团队进行招商裂变，通过代理商的团队做团队复制裂变系统的招商以及公域流量转化系统的招商，从而实现项目代理商团队的裂变和项目的发展。

第八章
代理商培训体系

　　团队裂变一直是社交新零售企业的核心追求。影响团队裂变的因素有很多，但核心因素一定是团队复制，只有团队被成功复制，才能实现团队裂变。

　　那么，如何实现团队复制？核心在于代理商团队培训，只有健全和专业的代理商团队培训体系，才能促使团队实现复制，最终促进团队裂变。

　　本章主要讲解如何打造专业化的代理商培训体系，帮助社交新零售企业实现永续发展。

第一节　为什么要建立代理商培训体系

在社交新零售的商业模式下，一个项目能不能在短时间内做起来，在于其招商体系；一个项目能不能走得更远，团队是否能实现持续裂变，在于其团队培训体系。

不过，大多数社交新零售企业虽然针对代理商设立了培训课程，但没有建立起系统的培训体系和培训方案，这就导致代理商的培训内容杂乱，代理商学习的内容不系统，直接影响团队裂变。

一、建立专业化系统化代理商培训体系的重要作用

1. 建立代理商培训体系是项目成功运营的重中之重

在社交新零售项目操盘运营过程中，有两大核心运营体系：一是代理招商裂变体系，二是代理商培训体系。

一个社交新零售项目能不能快速做成功，在于其企业的招商体系强不强；一个社交新零售项目能不能走得更远，代理商团队能否实现持续裂变，在于其企业的培训能力强不强。

由此可见，建立代理商招商裂变体系和代理商培训体系，是项目操盘运营过程中非常重要且必须做的工作。

2. 建立代理商培训体系是团队裂变的基础

我在给企业做操盘辅导的过程中，经常会被一些团队裂变型企业负责人问到，应该如何建立团队培训体系？

问我这个问题的企业负责人，有即将起盘社交新零售项目的创业者，也有运营过 2～3 年、年回款过亿元的微商项目老板，还有从来没做过团队的新手、有过七八年经验的资深直销从业者。

一方面，可以看出大家对代理商培训体系极为重视；另一方面，也看得出很多人即使有非常丰富的市场经验和团队经验，对于建立团队培训体系也缺乏清晰的认知和实操经验。

团队培训体系在团队裂变销售型企业中尤为重要，团队裂变型项目在运营过程中，如果没有建立专业且符合自身需要的代理商培训体系，往往会导致两方面的问题。

一是企业在给代理商做培训时，会临时添加很多杂乱的内容，造成培训课程体系混乱。同时，由于企业培训课程体系混乱，导致老代理商根本搞不清应该给新代理商做什么样的培训。因为公司给他们的培训也是乱的，为了减少自己的压力，代理商会把培训新代理商的工作全部交给企业，这就给企业带来较大的培训压力。

二是代理商不会给新代理商做培训，导致新人对团队和项目的认知度低、市场营销能力差，这也极有可能导致新人流失。即便存活下来，也没法再给新人做系统的培训，造成恶性循环。团队一潭死水，团队中每一位伙伴的营销能力都非常差，整个团队的裂变能力会大大降低。

建立完善的代理商培训体系，是社交新零售商业模式项目中团队持续裂变的基础。如果这个基础没有建立起来，即使你的产品再好，你的奖金制度再棒，你的活动搞得再具有裂变性，都没办法让团队持久且活跃地走下去。

二、建立代理商培训体系的两大目标

建立一个好的代理商培训体系，关键要清楚地了解建立团队培训体系的目标。根据多年的操盘经验，我认为建立团队培训体系应当有两大目标：第一，建立明确清晰的代理商培训课程内容体系；第二，代理商应该形成自我培训、自我复制和自我成长的能力。

1. 建立明确清晰的代理商培训课程内容体系

建立明确清晰的代理商培训课程内容体系，要求我们既要知道应该给代理商做哪些课程的培训，又要清楚这些课程适用于代理商的哪个成长阶段。

比如，一个新代理商进来，启动首次培训内容时，我们应该培训哪些内容？新代理商在首次培训之后，需要进一步提升营销能力时，应该培训哪些课程内容？当一个新代理商变成老代理商，成为团队长之后，我们应该如何教他们培训新的代理商？

由此可见，企业应该形成固定化的培训课程，每个阶段的课程会有所不同。对处于不同阶段的代理商而言，这些培训课程能够对代理商的成长起到很好的指导作用。

2. 代理商应该形成自我培训、自我复制和自我成长的能力

只有代理商拥有了自我培训、自我复制和自我成长的能力，才能让整体业绩越来越好，但要达到这个目标，还是有一定难度的。这既要求企业不仅要清楚每次给代理商做培训时要讲哪些内容，又要求接受过培训的代

理商清楚给自己的代理商做培训时到底要讲哪些内容。只有不同层级的代理商都清楚和明确培训内容，并且掌握了这些课程，才能给新人进行相关的培训。

这种培训体系可以极大地提升团队老带新的复制能力，从而提升代理商团队自我培训、自我复制和自我成长的能力。

第二节　代理商培训必不可少的四大课程体系

既然代理商的培训极为重要，那么，社交新零售企业应该如何搭建代理商培训课程体系呢？

我在辅导企业的多年实战中，总结出了一套适用于社交新零售团队的培训课程，分为四个板块：分别是新人启动培训课程、代理商引流培训课程、高层代理商讲师班培训课程、代理商营销技能提升培训课程，如图8-1所示。

新人启动培训课程	代理商引流培训课程
高层代理商讲师班培训课程	代理商营销技能提升培训课程

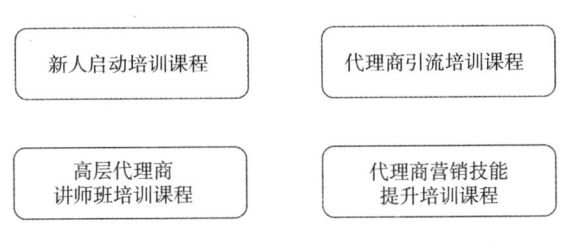

图8-1　代理商培训的四大板块课程

其中，前三项是属于团队培训体系中的必备课程，第四项属于赋能型课程。在实际运营中，可根据实际需求，选择不同的课程。

一、新人启动培训课程

新人启动培训课程是针对新代理商的培训课程，主要目的是对新代理商进行初步培训，方便新代理商初步掌握项目的基本信息和社交新零售的基本营销技能。

新人启动培训课程基本上有两种使用场景：一种是老带新一对一启动培训，另外一种是代理商集体启动培训。

1. 老带新一对一启动培训

老带新一对一启动培训一般在新代理商成为代理商之后的3天之内，由其直属上级为其进行。

这种培训形式比较简单，往往是半天到一天的时间。由其上级代理商根据公司提供的课件，给新代理商进行系统的新人培训，我们常称为一对一启动培训。

一对一启动培训主要有2个目的：一是让新代理商接受初步培训，增加新代理商对项目的理解和信心；二是由老代理商给新代理商设定市场开发目标，促进新代理商快速取得业绩。

老带新一对一启动培训是代理商培训体系中非常重要的环节，很多企业没有老带新一对一启动培训这个环节，从而导致新人大量流失。也就是说，新人交了钱、拿了货之后就没有任何帮扶了，如果纯粹让新人自己去发展，最终结果是很多新人做不下去，而裂变也就无从谈起。

2. 代理商集体启动培训

代理商集体启动培训工作由公司或代理商进行,主要是用于代理商的集体培训和新代理商的入门培训。

代理商集体启动培训往往需要 2~3 天,参加集体培训的代理商之前已经接受过老带新一对一启动培训,对公司和项目有初步的了解。

代理商集体启动培训的课程,由公司讲师或者资深团队长进行,这种培训课程更加系统、全面和详细。

代理商集体启动培训同样有 2 个目的:一是给新代理商进行系统完善的培训,虽然新代理商之前已经接受过一对一启动培训,但一对一启动培训往往培训时间比较短,内容简单,所以学习的内容不完善、不全面、不系统;二是在培训课程中,针对低级代理商进行低升高的升单活动。

代理商集体启动培训,是低级别代理商、高级别代理商和所有新代理商都要参加的培训课程。低级代理商在培训之后会极大地增加对项目的信心,这时是促进代理商升高级别代理商的最佳时期。

3. 代理商启动培训的课程内容

无论是老带新一对一启动培训,还是代理商集体启动培训,课程的内容基本上是相同的,会涉及以下几个板块的内容,如图 8-2 所示。

项目基本介绍	产品动销体系
代理商盈利体系	私域营销培训
代理商招商体系	目标设定
团队培训体系	

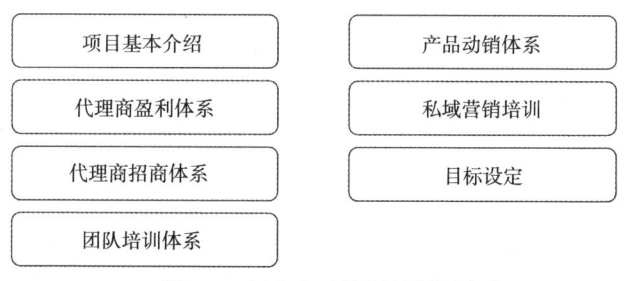

图8-2 新人启动培训的课程内容

第1个板块：项目基本介绍。主要针对项目基本商业定位、市场空间、商业模式、产品基础信息等方面进行培训，让代理商对于整个项目有一个整体的认知和把握。

第2个板块：代理商盈利体系。主要针对项目的代理商奖金制度进行培训，讲清楚代理商赚钱的方式和途径。

第3个板块：代理商招商体系。主要针对团队的招商裂变体系，给代理商进行相关的培训，教会代理商如何通过团队复制裂变系统招募代理商，以及如何通过公域流量转化系统，吸引更多粉丝。

第4个板块：团队培训体系。主要给代理商进行相关培训体系的介绍，教会代理商培训体系的课程内容，并说清楚培训课程的执行节点。

第5个板块：产品动销体系。主要培训代理商如何发展销售渠道和销售产品。

第6个板块：私域营销培训。主要是教会代理商掌握私域营销的方式方法，通过私域营销的方式进行引流。

第7个板块：目标设定。辅导代理商设定接下来的市场开发目标，定好工作任务以及工作执行计划。

二、代理商引流培训课程

有句话说得好：一切商业的本质是流量，要做好一个项目，根本上是要做好引流，社交新零售项目也是如此，为了达到预期目标，企业要给代理商做好引流培训。

在社交新零售商业模式下，团队代理商引流的方式主要是私域营销。该方式主要是帮助每一位代理商建立起持续的流量进入机制，培训代理商掌握私域营销引流方式，教会代理商通过各大公域流量平台引流意向粉丝，导流到自己的个人微信号上，从而完成代理商的招商和产品的销售。

私域营销可以分为线上培训和线下培训。线上培训可以采取录制视频课程或直播的方式给代理商进行培训；线下培训基本上需要1~2天。

私域营销培训主要分为三个板块，分别是公域流量吸粉系统、个人IP打造系统、私域流量池经营系统。

第1个板块：公域流量吸粉系统。教会代理商通过线下自有资源渠道和线上自媒体渠道进行吸粉引流，并且利用线上精准内容营销和线下相关引流活动，吸引精准目标客户群体，把精准目标客户引流到个人微信号上。

第2个板块：个人IP打造系统。教会代理商通过商务标签确立个人IP，通过输出垂直专业的内容，打造个人IP，吸引精准粉丝人群的信任及关注。

第3个板块：私域流量池经营系统。教会代理商通过精细化经营，把自己的粉丝转化成消费者，把消费者转化成会员，把会员转化成代理商，把代理商转化成合伙人，把合伙人转化成高级合伙人。

通过以上三大板块的培训，帮助代理商建立粉丝流量获取渠道，通过打造个人IP，吸引粉丝进入私域流量池，后续通过经营私域粉丝流量池，把粉丝转变成消费者，再由消费者转变成代理商。

私域营销培训课程讲的不是某一种引流方法，而是在移动互联网时代的一整套引流框架，代理商掌握这套引流框架后，后续通过深入研究，选择合适的自媒体平台进行持续引流。

如今，大部分代理商都认识到了自媒体的好处，并通过抖音、小红书、今日头条等平台进行引流。从实操经验来看，引流培训课程对代理商来说至关重要。许多代理商不做引流，根本原因在于企业没有教给代理商进行引流的方式方法，代理商根本不知道怎么做。

在自媒体时代，流量是代理商创业、发展、取得业绩的根本，企业一定要重视引流课程的培训，设身处地地为代理商着想，引流的方式方法一定要落实到位，并且及时跟踪、配合代理商的引流工作，帮助代理商建立流量持续进入的通道。

三、高层代理商讲师班培训课程

高层代理商讲师班培训课程，主要用于高层代理商的系统培训。主要目的是培训高层代理商的团队培训能力、团队管理能力和团队复制能力。

这个培训通常需要3天的时间。培训的方式是上午由老师讲解，下午代理商演练。具体做法是：高层代理商对其代理商团队进行各个板块的体系培训，直到演练熟练为止。培训的内容有：项目定位、商业模式、市场空间、产品体系、代理商奖金制度、招商裂变体系、代理培训体系、产品动销体系、私域营销体系。

高层代理商讲师班培训是代理商提升自我培训、自我成长、自我复制能力的关键，也是提拔核心代理商的重要手段和方式。高层代理商讲师班培训课程往往只限于高层代理商参加，一方面是培养高层代理商团队打造能力，另一方面增加对低级代理商升级的吸引力。

要想团队得到持续裂变，团队领头人非常重要，高层代理商讲师班培训课程就是帮助团队筛选团队领头人。因为高层代理商讲师班培训课程赋予团队领头人进行招商、培训和裂变的能力。

在我辅导社交新零售企业的过程中，经常会接到一些老板的电话，问我能不能介绍一些优秀老师去给他们的代理商做培训。在我看来，问这种问题的，基本属于不懂培训体系的老板，公司一旦有培训的需求，就只能寻求第三方老师的帮助，这种方式其实是错误的。

团队培训体系的核心在于团队自我培训，也就是说老代理商给新代理商做培训。代理商团队培训能力的提升在于代理商讲师，接受过高层代理商讲师班培训的代理商越多，团队的培训能力就越强。

因此，社交新零售企业一定要重视高层代理商讲师班的培训，以把更多的代理商培训成讲师，让他们回去给自己的代理商做培训。这样一来，代理商团队自我培训的能力就提升了，并且团队中有无数个代理商培训讲师，这时候团队自我培训系统就形成了，企业也就不需要寻找外部老师去给代理商培训了。

根据我的经验，只有现场招商会或者开设一些新型课程时，才需要找第三方老师，而此时找第三方老师进行团队培训才是有价值的。另外，找第三方老师进行团队内训时，一方面要系统接受老师的培训；另一方面，一定要安排公司或团队自己的讲师去认真学习老师的课程，以便后面用在自身的代理商培训中。

四、代理商营销技能提升培训课程

很多代理商属于个人创业者，他们的商业经验和商业技能都比较欠缺，这个时候需要提高他们的营销能力，因此，企业必须对代理商进行营销技能提升培训。

营销技能的培训属于赋能性培训课程，这种培训课程是非标准化课程，主要用于解决代理商的营销能力提升问题。平时，我们做的很多临时性线上或线下课程，都可以归到营销技能培训课程里。比如，小红书和抖音的引流培训、招商演说培训、销售技巧培训等。这些培训课程并不需要每一个代理商学习，也不是一定要放入代理团队裂变环节中的培训课程，我们可以将其放在营销技能的培训课程体系里。

常见的营销技能提升培训课程有：卖货动销培训、沙龙会成交体系培训、团队管理培训、成交话术培训、团队凝聚力培训、团队激励培训、目标达成培训、招商成交演说培训等。

代理商营销技能提升培训的课件网上有很多。企业可以通过淘宝、拼多多等电商平台，购买一些，并结合自身实际情况，进行总结和整理，用于代理商的培训。当然，也可以请专业培训公司的老师给代理商进行专业化的营销技能培训。

以上四种代理商培训课程构成了整个代理商培训课程体系。企业建立了以上四大培训课程体系之后，再给代理商进行培训时，就不会临时增加或减少一些课程，效果也会更好。

第三节　建立代理商培训商学院

一、代理商培训课程的主要形式

实战中，代理商的培训形式一般分为两种：一种是线上培训，另外一种是线下会议培训。

1. 线上培训

在做线上培训时，讲师会把课程内容录制成视频，内容录制好之后上传到线上商学院。线上商学院的常用软件有小鹅通、荔枝微课、千聊等一些付费平台。

视频课程做好之后，将听课的账号发给代理商，代理商即可通过线上平台进行学习。企业可以把新人启动培训、私域营销培训以及营销技能提升培训的内容录制成线上视频课程，方便代理商随时学习和回顾。

除此之外，企业有时也会做线上招商公开课。就是把录制好的相关信息放到线上，方便代理商在和意向代理商进行沟通时进行信息传播。很多代理商在进行新代理招商时不会详细讲解项目，此时，代理商就可以把线上的公开招商课程转给意向代理商，从而提高代理商的成交转化率。

2. 线下会议培训

线下会议培训，是企业给代理商培训的常用形式。比如，新人启动培训、私域营销培训和营销技能提升培训、讲师班培训，这些都需要通过线下会议培训的形式进行。

有的企业老板有误解，总觉得必须达到一定的人数才能进行培训，否则会带来资源的浪费。其实，线下代理商培训不必追求人数规模。人数多一点少一点都可以培训，应灵活处理。毕竟，企业的主要目标是让代理商接受课程，而不是追求人数的多少。

值得注意的是，在给代理商培训的过程中，尽量将线上培训和线下培训相结合。其中，可以以线下培训为主，线上培训为辅，这是因为线下培训的效果会比线上培训更好。当然，部分代理商没办法参加线下培训，或者说线下培训时间有限，很难更详细地讲解相关的内容，也可以做成线上培训的课程交付给代理商使用。

二、建立代理商培训商学院

1. 建立代理商培训商学院的作用

建立代理商培训商学院，是每个社交新零售商业模式项目必须要做的工作，也是执行代理商培训体系最有效的方式。不过，一提到建立商学院，有些人就会觉得很复杂。其实，商学院只是课程培训体系的表面呈现形式，代理商培训体系的建立才是商学院运转的核心。

需要注意的是，建立商学院不是喊口号，而应该注重实效。课程和老师很重要，但最重要的是要看有哪些固定的流程性课程，并且这些课程能匹配到相应的培训课件。每个代理商在进入这个课程后，都可以接受从0

到1的系统化培训。接受过培训的人即可拿着标准化课件，马上给新人代理商进行相关的培训，这才是建立商学院的核心意义。

企业建立商学院主要有2个方面的作用：一方面，商学院的建立对于代理商的培养起着巨大的作用；另一方面，商学院的课程能够吸引更多新的代理商，这对于代理商的招商工作有助推作用。因此，企业在完善商学院培训体系的同时，一定要充分利用所有可调动的宣传渠道，对商学院进行宣传，从而为招商渠道提供强大支撑。

2.代理商培训商学院的构成要素

社交新零售企业代理商培训商学院的建立和运营，要考虑以下几个问题：第一，商学院必备的培训课程有哪些；第二，商学院的培训讲师从哪里来；第三，商学院培训课件如何准备；第四，商学院的培训形式有哪些。

（1）必备培训课程。商学院必备的培训课程基本上有以下几个板块：新人启动培训课程、代理商引流培训课程、高层代理商讲师班培训课程、代理商营销技能提升培训课程。

（2）培训讲师。商学院的培训讲师主要来自代理商和公司运营人员。讲师的主要工作是进行日常新人启动培训，讲解引流和代理商讲师班课程。

为了提高效率，企业可以把代理商基本培训的课程做成标准化的课件，利用代理商讲师班培训的机会，给讲师班的学员进行培训。当企业需要这种培训时，可让讲师班的学员充当培训讲师，这样一来，企业就可以自行解决培训的问题，无须邀请第三方老师做培训。

（3）准备培训课件。商学院培训课件主要有两种，即PPT版本和专门的课程视频。PPT用于线下培训和线上实时培训，讲师拿来直接可以使用。录制好的视频课程主要放在线上商学院使用。

（4）培训形式。商学院培训形式主要分为线上培训和线下培训。线上培训分为实时培训和录制课程培训。实时培训常见有微信群课程、直播课程、腾讯会议课程等；录制培训课程是指放在线上商学院的、提前录制好的培训课程。线下课程主要为线下代理商培训，通常又分为代理商一对一培训和代理商集体培训两种形式。

建立代理商培训商学院的主要的目的是推进代理商培训体系的进程，而不是简单地给代理商培训。通常情况下，代理商培训商学院院长可以由老板或者股东担任，培训讲师可以分为临时讲师和固定讲师，固定讲师由核心代理商和公司运营人员担任，临时讲师可以是代理商讲师班学员。

第九章
起盘筹备体系

良好的筹备工作是项目取得成功的基础要素。尤其是对新起盘的社交新零售企业来说，在起盘一个新项目之前，一定要做好整个项目的筹备规划工作。

起盘筹备工作做好之后再开始正式对外招商，这样项目成功的概率会大大提升。千万不要在只有产品和代理商奖金制度时就急于开始招商，这样做的结果可能是一败涂地。

本章将为大家讲解社交新零售项目的起盘筹备体系。

第一节　项目起盘前必开的会议

一、项目起盘筹备规划会议的重要作用

利用社交新零售商业模式的项目在正式对外招商之前，必须要召开一场会议，这场会议叫作项目起盘筹备规划会议，是指在项目正式对外招商前，项目内部起盘的一个梳理会议。

为什么说项目起盘筹备规划会议极为重要？因为这个会议相当于大战之前的动员。会议主要讨论的内容包括：项目定位、运营体系、运营人员、筹备资料、运营计划等。

项目起盘筹备规划会议决定了项目的发展方向、工作重点以及运营体系，因此，其对项目的准备工作至关重要。在实操中，很多项目没有项目起盘筹备规划会议，从而导致项目准备工作筹备不足，运营体系不明确，项目定位不清晰，项目推进缓慢，甚至直接失败。

召开项目起盘筹备规划会议的企业，无论是项目运营体系还是项目定位，都会变得更加清晰，这样项目的招商进程就容易顺利推进。

二、项目起盘筹备规划会议的讨论内容

采用社交新零售商业模式的项目不是说手里有产品，做一个代理商奖金制度就可以起盘，而是要建立起完善的项目运营系统，之后才能正式启动对外招商。

项目起盘筹备规划会议通常是封闭式的，基本需要两天时间，所有的股东和核心运营人员都要参加，但不允许代理商参加。会议讨论的内容涉及商业模式、产品体系、奖金制度、代理商招商裂变体系、代理商培训体系、起盘筹备工作和招商计划等，会议的核心目的是搭建项目的运营体系，确保项目的正常运作。

1. 讨论商业模式

商业模式板块主要讨论项目的定位、底层商业逻辑、核心工作、工作目标以及接下来三年的项目发展规划。

项目的定位对于社交新零售项目至关重要，它关乎着企业采用什么样的商业模式，在做一个什么样的项目。这个板块规划好之后，一方面项目的所有运营人员以及项目的代理商能清晰了解社交新零售商业模式，另一方面也为企业对外招商进行项目讲解提供文案素材。

规划完成之后要出一个项目基础介绍PPT文件，其中包含商业模式解析、项目定位、项目未来发展方向、项目市场空间、项目产品背书等相关要素。

2. 梳理产品体系

产品体系板块主要讨论产品的规格、定价、功效、成分以及产品背书的案例等相关信息，并且制作好素材。同时，需要设计、制作产品体系讲解培训的PPT课件，其内容包括产品基本信息、产品功效、产品消费者案例、产品故事等相关信息。产品体系PPT确定后，可用于后期代理商产品培训。

如果一个项目包含多个产品，则需要根据产品特性选出流量型产品和利润型产品，设计相关奖金制度时，把流量型产品设计为引流之用。

3. 设计代理商奖金制度

代理商奖金制度是整个项目招商的核心关键，也是代理商裂变的基础规则，是整个项目起盘规划会议重点讨论的核心内容。目前，市面上的代理商奖金制度种类繁多，每个种类都有各自的特色和优势，企业一定要结合自己的产品和企业的资源去设计代理商奖金制度。

奖金制度设计的基本步骤：

第一步：确定项目标的物。不同的项目标的物不同，有的标的物是产品，有的标的物是服务项目，也有的标的物是实体店。

第二步：确定代理商的利润来源。就是代理商加入这个项目之后，是通过哪种方式赚钱的。弄清楚这个问题之后，再根据代理商的利润来源设计奖金权益分配机制。

第三步：选择符合企业自身情况和产品特点的代理商奖金制度。要注意，不要随便照搬别人的制度，否则容易消化不良。

第四步：设计各级代理商的条件门槛和奖金权益。根据企业和产品的实际情况，确定代理商的等级数量、进入门槛和奖金权益，再根据多种代理商升级门槛和多种代理商奖金权益，进行制度优选，丰富整个奖金制度体系。

设计完代理商奖金制度体系之后，一定要做一个代理商奖金制度讲解PPT课件。该课件主要包含两个板块：一是整套奖金制度体系的介绍，二是各级别代理商的赚钱途径分析。

4.制定代理商招商裂变体系

在项目起盘筹备规划会议上,企业需要根据项目的招商规划,制定代理商的招商裂变体系。代理商招商裂变体系主要分为线上和线下两个方向,一个专业化操盘项目,通常线下会采用团队复制裂变系统,线上会采用公域流量转化系统。

(1)团队复制裂变系统的筹备内容。团队复制裂变系统主要包含的板块:资源梳理、一对一沟通、老带新ABC成交机制、老带新一对一启动培训、招商会/线上公开课、代理商集体启动培训,共6个环节。

为了6个环节有序推进,企业要准备好相关的代理商培训PPT,用于代理商的培训。

其中,针对资源梳理,企业要准备好资源梳理的执行方法培训PPT课件,用于对代理商进行资源梳理的方式方法的培训;针对一对一沟通,企业要准备好针对消费者的产品销售话术、针对代理商的项目招商话术,并制作好一对一沟通PPT课件,方便代理商后期按照PPT内容去执行沟通话术;针对老带新ABC成交机制,企业要将ABC成交机制的培训课件发给代理商,培训代理商在新代理商刚开始进行产品销售和市场开发时,老代理商给新代理商给予帮助和扶持;针对老带新一对一启动培训,企业要准备好新人一对一启动培训的PPT课件,用于老代理商给新代理商的新人启动培训;针对线上公开课和线下招商会议,企业要准备好公开课招商讲解PPT和线下招商会议流程方案;针对代理商集体启动培训,企业要准备好代理商集体启动培训PPT课件,用于代理商集体培训。

（2）公域流量转化系统的筹备内容。公域流量转化系统主要分为公域流量吸粉系统、个人IP打造系统、私域流量池经营系统。

一方面，对于整体的系统培训，企业需要准备好公域引流转化系统的PPT课件，用于代理商的总体系统化培训。另一方面，要做好公域流量转化系统代理商执行规划、代理商自媒体运营规划、个人IP打造、私域流量池经营执行等方案。

5. 制定代理商培训体系

制定代理商培训体系，主要讨论课程规划及相应课程培训PPT课件。其中应包含：新人一对一启动培训课件、新人集体启动培训课件、私域营销培训课件、高层代理商讲师班培训课件、代理商营销技能提升培训课件等。另外，还要规划线上商学院搭建、商学院宣传素材、商学院讲师筹备等方面的内容。

6. 起盘筹备工作

起盘筹备体系主要分为2个方面：一是筹备品牌的招商素材工具包，二是运营人员的工作安排。

必须注意的是，招商素材工具包是企业在招商过程中必须要用的工具。这项工作大概需要15天的时间准备好。

7. 规划招商计划

项目起盘筹备规划会议的最后一步，是确立起盘招商计划，基本为期3个月，包含招商时间点、招商活动政策、资源对接等工作。

只有确立好工作进程时间表，并严格执行，才能确保后续招商工作按照时间表有序推进。在这个过程中，若执行工作有出入，则需要随时进行调整，以取得预期效果。

召开项目起盘筹备规划会议之后，接下来，企业需要用15天左右的时间准备招商素材工具包。招商素材工具包准备好之后，即可正式启动对外招商。

第二节　项目起盘招商素材工具包

项目招商素材工具包，是指项目起盘后招商常用的素材资料包，主要用于企业招募代理商以及老代理商招募新代理商时的宣传沟通。

一、项目招商 PPT

项目招商 PPT 课件是社交新零售商业模式项目中，对外招商讲解时必不可少的文件，主要用于一对一招商和线下会议招商项目讲解。

这个 PPT 课件的构成板块包括：项目和产品基础介绍、项目市场发展空间、项目运营体系、代理商奖金制度体系、企业和团队介绍、企业/产品背书等。

二、代理商奖金制度文件

代理商奖金制度文件是团队招商和代理商培训的基础性文件。一般来说，代理商奖金制度文件会制作成三种形式：代理商奖金制度 PPT、代理商奖金制度宣传海报、代理商奖金制度讲解视频。其中，代理商奖金制度

PPT用于代理招商和代理商培训；代理商奖金制度宣传海报常用于代理商一对一微信沟通；代理商奖金制度讲解视频，一般是用手机拍摄成视频，发送给代理商，方便不会讲解奖金制度的代理商在与意向代理商进行沟通或者给新代理商进行培训时，可以直接将公司录制好的奖金制度讲解视频发给意向代理商或新代理商。

三、产品介绍文件

优秀的产品是项目招商的基础，对产品层面的讲解，公司要准备好产品介绍PPT以及产品功效实验讲解视频，这样，方便代理商给消费者或意向代理商进行产品介绍时使用。

产品介绍PPT的内容包含：产品基本规格信息、产品功效、产品成分、消费者案例等；产品功效实验讲解视频包含：产品规格、产品功效、同类产品对比实验讲解等。

四、项目/品牌宣传视频

项目或品牌宣传视频主要用于三个方面：一是用于线上线下招商会，会议开始前播放宣传视频，起到会议暖场作用；二是代理商参观公司时，公司显示屏播放视频，起到空间拓展作用；三是用于代理商一对一沟通项目时，通过视频展示项目或品牌实力。

项目或品牌宣传视频常见构成内容：企业实力、项目商业模式、项目市场空间、项目未来发展前景、行业发展趋势、运营体系展示、团队展示等。

五、打造品牌/产品背书

品牌或产品背书打造，对于社交新零售商业模式项目的招商和产品的销售有着不可忽视的作用。采用社交新零售商业模式的产品往往是企业新推出的产品或新品牌，此时如果以单纯的产品功效、产品成分为卖点进行市场竞争，很难取得绝对性胜利。最好的宣传方式是通过产品背书宣传，快速取得消费者或意向代理商的信任，从而达到销售产品和代理商招商的目的。因此，打造品牌或产品背书已经成为社交新零售企业起盘筹备的必备工作之一。

常见的背书方式有产品品牌剧照、品牌霸屏推广（如软文推广、问答推广、分类信息推广、列表网推广、贴吧推广、视频推广等）、品牌互联网种草、中国人民保险产品质量保险、卫视广告、各种资质认证等。

六、公司文化墙装饰

在项目起盘对外公开招商之后，有一项非常重要的工作不可缺少，但却是很多企业忽视的，即公司的文化墙装饰。在项目对外招商前期，一般会在公司召开大量的小型沙龙会，邀约身边的意向代理商来公司参观。公司把文化墙的内容设计得很漂亮，可以很好地展示出公司的团队扶持体系、项目运营体系、企业文化、使命愿景、产品的市场空间、核心运营人员等相关信息，有利于快速取得意向代理商的信任。

在陕西省宝鸡市有一家白酒新零售企业，其把针对白酒社交新零售的八大操盘运营体系内容做成公司文化墙，每合作一个事业部，都会建立线下运营中心，只要有线下运营中心，就会设立一个用八大操盘运营体系做成的文化墙。当意向客户来公司参观时，运营中心负责人在讲解完产品后，就会重点讲解这八大操盘运营体系。这就使整个项目由单纯的产品招商变成了行业运营体系的招商，并且对于合作的事业部合伙人，公司会毫无保留地进行运营体系的培训，不仅有一对一的课程，还有针对性的纸质印刷课件。该公司通过这种方式，吸引了很多白酒行业的代理商达成事业部合作。在项目起盘后，不到一个月的时间，就在全国各地开设了20多家线下运营中心。

七、招商工作微信号

招商工作微信号是团队对外招商必备工具之一。通过招商工作微信号，经营好微信好友，促进粉丝转变成消费者或代理商。

值得注意的是，所有的项目股东及项目核心运营人员，都要准备招商工作微信号，并且要装饰头像、昵称、朋友圈背景图、个性签名等基础信息，后期通过朋友圈宣传项目，通过微信好友一对一沟通力促成交。

八、项目常见问题百问百答

项目常见问题百问百答是代理商招商过程中常用的文件之一。其内容是品牌方（企业）在日常的招商过程中，对经常遇到的咨询问题进行整理并给予正确的答案。当然了，百问百答不是固定不变的，后期需要根据项目的进展，不断更新优化问题和答案。

这份文件应提供给每个代理商，以方便代理商在招商过程中遇到相关问题时可自行寻找答案。整理出来的问题大致分为两个方向：一是招商方面；二是产品方面。

九、代理商管理软件

代理商管理软件可绑定在公众微信号或小程序上。该软件主要具备代理商在线授权、代理商团队管理、代理商云仓下单和商城展示等功能。

市面上有很多软件开发公司都可以提供类似的代理商管理软件，价格有高有低。当然，企业应选择主流的、正规的软件。

此类软件基本分为 Saas 版本和定制版本。Saas 版本就是无法增加灵活性的功能，但是相对来说性能更稳定；定制版本就是根据客户的需求制作的软件，使用起来相对于 Saas 版本会更加灵活，但费用也较高。

代理商管理软件不需要追求太多花哨的内容，基本够用就好。另外，软件的主要作用是方便代理商下单和管理，并不是说买一套软件就能做好团队分销，做好社交新零售。

前两年，经常有一些传统企业老板认为，做社交新零售就是买一套代理商管理软件，有了代理商管理软件就能做好社交新零售，这是一种错误的认知。根据我多年的实操经验，做社交新零售营销和软件并没有多大的关系。很多人对社交新零售到底是怎么回事，了解太少，甚至出现偏差，结果买了软件，钱花了，项目也做不起来。

十、代理商签约物料

采用社交新零售商业模式的项目属于招商型项目，和代理商之间的签约场景自然少不了，而这种签约场景自然是重要的宣传素材之一。

在准备代理商签约物料时，代理商签约合同、代理商签约背景墙、代理商授权书、签约桌、签约桌上的装饰物等都是必不可少的。

十一、代理商一对一沟通话术文件

代理商一对一沟通话术文件是社交新零售商业模式项目起盘前的必备文件之一，主要用于代理商团队复制体系中的一对一沟通环节。

一对一沟通话术文件可做成PPT的形式，其中包含针对消费者讲解产品的内容，针对创业者讲解项目的内容。这个文件相当于代理商对外进行销售和招商的沟通话术指南，有了这套文件，代理商在执行时就有了标准，而不会显得杂乱无章。

十二、微信朋友圈宣传素材

在社交新零售商业模式项目营销过程中，微信朋友圈亦是对外宣传的阵地，而宣传内容的好坏会直接影响营销的效果。

海报是微信朋友圈宣传非常重要的素材之一。微信朋友圈宣传海报基本上包含6种类型：项目造势海报、产品宣传海报、招商会议海报、营销活动海报、代理培训海报、运营体系海报。

1. 项目造势海报

项目造势海报包含项目优势、项目卖点、行业风口、市场空间、企业实力、品牌背书等内容。

2. 产品宣传海报

产品宣传海报包含产品成分、卖点、功效、针对人群、使用方法、产品使用反馈、产品背书等内容。

3. 招商会议海报

会议类海报包含会议主题、会议时间、会议地点、参会理由、会议流程、主讲嘉宾等内容。

4. 营销活动海报

营销活动海报包含活动政策、剩余名额、赠送福利、仅剩时间、仅剩名额等内容。

5. 代理商培训海报

代理商培训海报包含讲师介绍、课程大纲、课程卖点、开课时间、开课地点等内容。

6. 运营体系海报

运营体系海报可分为代理商盈利体系宣传、招商体系宣传、培训体系宣传和引流体系宣传等不同类型。

目前，市场上有专门服务于社交新零售企业的设计公司，这些公司针对微信朋友圈海报、产品包装、线下宣传物料、招商PPT、产品PPT等相关素材都能提供专业的设计服务。对于没有文案和设计人员的社交新零售企业，在储备招商素材时，不妨找专业公司设计，效率会更高一些。

另外，针对海报的设计，我认为企业应该多花一些资源。因为这些宣传海报是企业对外输出的内容，漂亮精致的设计能够提升企业和产品形象。而过于粗制滥造的海报，可能影响产品销售和项目招商的成交机率。这一点尤为重要，企业和项目操盘手一定要注意。

目前，从整个社交新零售行业来看，有些公司经过专业的操盘公司辅导，或者说有专业的操盘手操作，在筹备招商素材工具包时，做得比较完善，后期招商的成功率相对也会高很多。至于那些没有系统化学习社交新零售商业模式的企业，依靠自己的粗浅认知贸然起盘，各方面资料都不完善，后面的招商成功率可想而知。

当然，除准备好招商素材工具包之外，专业的操盘运营团队更为重要，可以说是社交新零售项目取得成功的关键。

第三节　组建专业的操盘运营团队

一个社交新零售商业模式项目能否取得成功，有无专业的操盘运营团队极为重要，甚至可以说是起着决定性的作用。

社交新零售商业模式项目的运营工作大多分为6大板块，分别是项目操盘、团队招商、团队培训、内容输出、私域营销、活动运营，如图9-1所示。

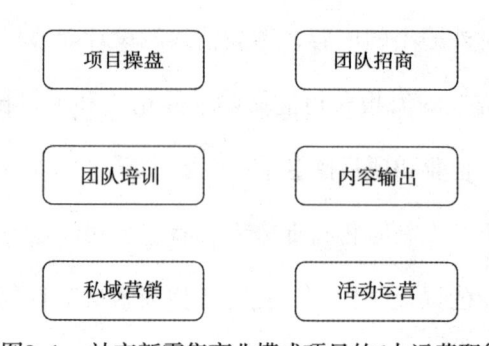

图9-1　社交新零售商业模式项目的6大运营职能

一、项目操盘职能

1. 主要组成人员

项目股东 + 核心运营人员。

2. 主要工作职能

（1）搭建项目操盘运营体系，包含项目商业模式、产品选品、项目工作重点、工作目标、项目奖金制度体系、代理商招商体系和代理商培训体系、起盘筹备工作规划、项目招商计划和运营人员工作安排。

（2）代表项目对外宣传核心团队。

（3）整合渠道资源，协助代理商沟通招商。

很多新起盘的社交新零售企业想找一个专业的操盘手，直接给他们进行项目操盘。这种方式不是不可行，但就寻找操盘手这件事来说，企业需要面对两种情况：一是市场上比较专业的操盘手很难找，因为有一定专业水平的操盘手一般都自己做项目，除非你的企业实力很强，资源很丰富，愿意花大量的资金和资源投入这个项目，操盘手过来后，可以占一定的股份，那么对方会和你达成协议。二是一个项目能否成功，并不是依靠一个高水平的操盘手，而在于整个项目的招商操盘运营团队，因此，企业最好不要寄希望于一个厉害的操盘手能给企业带来翻天覆地的变化。比较稳妥的做法应该是企业自身做好整体规划。换句话说，能找到专业的操盘手最好，找不到专业操盘手，也可以在操盘辅导公司的指导下自己进行操作，只要方向正确，团队执行能力强，项目依然可以得到好的发展。

二、团队招商职能

1. 主要组成人员

项目股东 + 核心团队长。

2. 主要工作职能

（1）负责团队招商和与代理商团队长沟通。

（2）安排筹划线下招商会议，促使会议现场招商成交。

团队招商是社交新零售商业模式的核心工作之一。一个社交新零售企业能否快速起盘，关键在于企业招商能力强不强。企业招商的具体落脚点，在于招商人员的招商能力和团队资源整合能力。

在和计划起盘的社交新零售企业沟通时，我经常会问企业的核心运营人员或者股东中有无做过微商、直销、会销、保险、美业的人员。如果运营团队中有以上行业经验的人员，一般来说，其招商能力和资源整合能力相对较强，有利于项目快速起盘。相反，如果整个运营团队中没有做过团队招商的人员，项目在起盘之后，如采用的方法不正确，就有可能导致项目进展不顺，招商难，回款慢。

三、团队培训职能

1. 主要人员组成

项目股东 + 核心运营人员 + 团队长。

2. 主要工作职能

（1）负责代理商线上线下培训工作。

（2）帮助代理商团队执行裂变复制体系。

（3）建立代理商培训商学院，推进商学院日常工作。

团队培训的重要性不言而喻，一个企业如果团队培训体系做得好，项目就容易取得长久的发展。因此，在日常工作中，应由项目股东和核心运营人员开展团队培训工作，同时，团队长也在团队培训中担当重要角色。

团队培训最重要的工作是团队的复制，即老代理商培训新代理商。同时，新代理商在开发更新的代理商时，也要担负起培训的责任。代理商培训职能，是社交新零售商业模式项目运营团队中必不可少的组成板块。

四、内容输出职能

1. 主要人员组成

基础员工。

2. 主要工作职能

（1）文案撰写：包括产品项目相关文案卖点提炼、日常微信朋友圈宣传海报文案、网络宣传文案、产品素材文案等。

（2）设计：包括产品包装、产品功效海报、招商海报、招商PPT、产品宣传手册、宣传物料设计、线下活动物料等诸多方面的设计。

五、私域营销职能

1. 主要人员组成

新媒体运营人员＋新媒体文案策划。

2. 主要工作职能

（1）负责公司对外输出新媒体平台的运营。

（2）负责公司IP人物新媒体营销。

（3）负责公司品牌新媒体传播推广。

（4）负责代理商私域营销体系培训。

私域营销已经成为社交新零售商业模式中流量获取的主要方式，品牌方（企业）通过私域营销的方式，推广品牌创始人的个人IP获取粉丝；代理商则通过私域营销的方式，在自媒体上获取目标消费者及客户人群。这在今天的移动互联时代，是绝大多数行业和企业都需要做的事情。对于社交新零售企业的私域营销部门来说，一方面，需要承担企业引流的工作任务；另一方面还要对代理商进行私域营销方式方法的培训，教会代理商通过私域营销的方式获取流量。

六、活动运营职能

1. 主要人员组成

活动运营负责人。

2. 主要工作职能

（1）主要负责团队月度、季度、年度、节假日等活动的日常安排，以及相关裂变活动的设计及推广工作。

（2）负责代理商日常线上线下的活动安排。

活动运营人员主要围绕代理商设计各种营销活动方案。应该说，活动运营是促进团队裂变的催化剂。一支成熟的运营团队，基本上每个月都有相应的营销活动，每个季度都会有团队 PK 活动。

在代理商的招商和培训过程中，一定要注重代理商团队的营销活动，并且安排专人负责这项工作。另外，可以利用每个季度召开的运营会议，规划下一个节点的营销裂变活动。

以上六大职能板块支撑着整个社交新零售项目的运营，其中团队招商和团队培训是整个项目运营的重中之重，也是项目股东和核心运营人员重点抓的工作。

第四节 起盘新项目需要投入的资金

最近几年,随着全球格局发生深刻变化,很多创业者逐步认识和了解社交新零售的商业模式之后,发现这种模式具有投资小、见效快、未来发展空间大等优势,于是纷纷起盘社交新零售商业模式项目。

创业者在起盘一个社交新零售项目时,首先会考虑项目的起盘成本,也就是说起盘一个项目,需要投入多少基础费用。如果投入的资金过多,或者说资金没有用在刀刃上,最终的效果自然不够理想。那么,起盘一个社交新零售项目,需要进行哪些基础性投入呢?

社交新零售项目有大项目和小项目之分。大项目基本上是知名企业旗下的项目,或者由有团队基础的企业起盘。而小项目一般只有两三个股东。项目大小不同,投入的资金自然不同。此处我们主要分析小项目的基础性投入,通常包含以下几个部分。

一、首批货品费用

社交新零售项目的产品种类繁多,但多数以大健康类和护肤品类为主。这两类产品的常规产品的首批货款基本上在几万元。当然有一些特殊的产品,其要求的首批货品货款稍高,需要10万~20万元。首批货品费用，包含产品生产成本和产品包材成本。

根据我多年的辅导经验，没有团队基础的社交新零售企业，在起盘前，一定不要大量备货。为了控制成本，首批货物达到起订量就可以了，当有代理商进入后，再追加产品数量。如今，大多数企业会建立代理商云仓发货系统，出现终端消费者在短时间内大量购货的情况很少。

二、产品的外包装设计费用

外包装设计主要是指产品的商标设计。外包装设计费用，一般来说为5000～10000元。当然，这是大多数普通设计师的预算费用，并且产品不是多个产品，而是单品。如果企业要找水平更高的设计师或需要设计多个产品，费用要更高一些。

三、品牌网络霸屏推广费用

对于社交新零售商业模式项目来说，品牌背书非常重要。品牌的网络霸屏推广，是新创品牌打造品牌背书的首选方式。

新起盘的社交新零售项目在正式对外招商之前，都会给品牌做霸屏推广。费用大概在2万元以内。

四、代理商管理软件费用

代理商管理软件是属于代理商管理的必备软件，基本功能涵盖代理授权、代理云仓下单等。目前，市面上有很多第三方软件开发公司，这类软件的价格从几千到几万元不等，主流的软件开发公司开发的软件价格在2万到5万元之间。

五、起盘策划辅导费用

现在的社交新零售项目，在起盘对外招商前，一般会找到专业的社交新零售操盘辅导公司，做专门的项目起盘梳理指导。辅导工作基本上包含代理奖金制度设计、招商体系设计、培训体系设计、起盘筹备规划、起盘打法规划、招商计划规划等。

目前，操盘辅导公司的辅导费用从几万到十几万元不等。

六、微信朋友圈海报设计费用

在社交零售商业模式项目营销过程中，微信朋友圈的宣传非常重要，其中微信朋友圈宣传海报是重要的构成板块。

市场上有专门的微信朋友圈海报设计公司。这类设计公司为各类客户提供设计服务，不同的城市的价格可能略有不同，但中间价位的收费标准是包月5000元左右。

综上所述，结合多年的辅导操盘经验，我认为一个社交新零售常规性项目，前期预算30万元就够了。事实上，有些企业因为不太了解社交新零售项目的操盘运营，前期进行了很多无用的投入，造成投资浪费。还有一些企业，老板还是产品思维，从一开始就备了很多货，但因为招商能力很弱，结果招不到代理商，导致项目进展缓慢，乃至最终失败。

第十章
项目操盘常见问题

在社交新零售商业模式项目运营过程中，由于操盘手或制度设计者经验不足或存在行业信息差，经常会出现一些错误，最终导致项目回款较慢，甚至失败。

本章内容针对社交新零售项目在操盘过程中经常遇到的问题，结合我的操盘经验，给大家提供一些正确的指导和意见，以期帮助大家在项目操盘时少走弯路，达到预期目标。

第一节 社交新零售和微商有什么区别

社交新零售和微商有什么区别？这也是很多不了解微商、不了解社交新零售商业模式的伙伴经常提到的问题。

在本书的第一章，我给大家讲解了微商和社交新零售的商业模式，并且总结出了两者之间关系的一个结论——微商是社交新零售商业模式的典型代表。本节再给大家详细解释一下两者的关系，方便大家进一步理解两者之间的关系。

一、社交新零售和微商的共同点

社交新零售和微商的商业模式是相同的，都是通过团队裂变的营销方式，帮助企业建立更多的代理商渠道。企业获得了更多的代理商销售渠道，从而增加企业销售业绩。

二、社交新零售和微商的不同点

传统微商企业比较注重线上招商，线下的招商会议和线下的培训课程比较少。大家通常在微信群里进行招商和培训，用社群运营的方式管理代理商，通过微信营销的方式拓展更多的流量，实现代理商的招募和产品的销售。

社交新零售企业的运营方式更加系统化和专业化。社交新零售商业模式的底层逻辑依然是通过团队裂变的方式去做代理商的招募。但这种商业模式的营销方式更注重线上线下的结合以及项目运营体系的专业化，即运用了个人IP营销、私域营销、会议营销、社群营销等一系列营销方式。

三、社交新零售商业模式是企业未来发展的重要方向

随着社会经济的发展和生产力的提升，市面上的同类产品会越来越多。企业与企业之间的产品竞争、品牌竞争会越来越激烈。企业如果想在激烈的竞争环境下生存并取得更多的盈利，就必须提升自身的商业模式和盈利方式。

社交新零售商业模式采用的是团队型裂变营销方式，直接避免了企业与企业之间的产品竞争。企业的营销重点在于代理商渠道的招商和代理商渠道的培训。这大大提升了企业的盈利维度，由单纯的产品盈利向招商盈利、团队盈利、平台化盈利转变。这就给企业提供了更大的发展空间，从而有利于企业的长久发展。因此，我认为，社交新零售商业模式是企业未来发展的重要方向之一。

第二节　项目起盘要不要托管代运营公司

"王老师，我手里有好产品，打算起盘社交新零售项目，想找外包公司进行托管运营，请问是否可靠？"

这个问题是近几年我在给社交新零售企业做操盘辅导的过程中，经常被粉丝问到的问题。

在这里，我先给大家一个统一的答案：不要找，基本上不靠谱。之所以不建议企业找托管代运营公司运营社交新零售项目，主要原因有以下几点。

一、托管体系并不适合社交新零售项目

社交新零售项目的本质是一家团队裂变型招商公司。公司选好产品后，通过线上引流、线下会议招商的形式招募到代理商。在招募到代理商之后培训代理商，使其具备产品销售和项目招商能力，促使代理商进行再次的招商，从而达到代理团队人数的倍增，帮助企业建立更多的代理商渠道。

要做好社交新零售项目，需要企业自己搭建好平台，制定团队裂变运营体系，招募代理商来平台上创业，同时赋能代理商，帮助代理商创业，这是社交新零售商业模式的基本运营逻辑，所以一家企业基本上只会操作一个品牌。只有一些团队招商经验比较丰富的老板会成立两家公司，运营两个单独的品牌。

事实上，一家企业很难同时运作多个品牌，托管代运营公司也是如此。托管代运营公司的业务团队运营都是阿米巴模式，即单位小组接单，小组来运营，并且一个运营小组不可能只给一家品牌服务，往往会同时给几十家品牌服务，故精力分散，所以说托管代运营的体系并不适合社交新零售商业模式项目。

二、依靠代运营取得成功的案例极少

目前，从我接触的新零售企业来说，利用社交新零售商业模式成功的案例很多，但是，从来没有见到一家企业是通过托管代运营公司取得成功的。每家成功的社交新零售企业都是自己组建公司、自己组织运营团队去运营项目。

也有一些朋友会说，一些知名品牌，比如王老吉、伊利、蒙牛等做社交新零售，也是找了第三方公司来操作，他们做得都不错。的确，这些知名品牌基本上都不会以自己的公司为主体来操作，而是找第三方公司。但实际上这些知名企业与第三方公司的合作是以品牌授权的方式，第三方公司并不是托管代运营公司，而是一家品牌新零售企业。

三、从托管代运营公司的盈利模式上看

从托管代运营公司的商业模式来讲，大多数托管代运营公司的主要盈利方式是收取客户的托管代运营服务费用；极个别的托管代运营公司会根据客户的销售利润进行提成。

对于知名品牌来讲，其本身就有知名度和流量，托管代运营公司可以通过销售提成来收费。但是对于新品牌来讲，品牌本身并不具备流量属性，托管代运营公司主要的盈利点，来自收取品牌方的基础服务费用。在这种情况下，代管代运营公司不会将目标放在产品销售上，这样，社交新零售项目就无法得到长远发展。

四、从托管代运营公司的服务内容上看

目前，从社交新零售托管代运营公司提供的服务来看，大多数公司

提供的服务是策划辅导。如果企业希望托管代运营公司为其进行引流和招商，还需要企业重新投入网络推广费用。但是网络推广需要投入一笔金额不小的资金，而新品牌几乎不愿投入这笔资金，这就会导致项目没办法引流，后期招商也会陷入困境。

综上所述，企业如果想做好社交新零售商业模式项目，必须亲自操作，并进行代理商的招商。但其间，可以找操盘辅导公司为其提供专业的指导和策划。

第三节　如何与成熟的代理商团队合作

经常有粉丝咨询，能不能介绍代理商团队合作。总结下来，会问这个问题的，基本上是一个不懂社交新零售商业模式的新入行者。

手里有产品，但又不知道怎么操作，这类企业老板基本上会以为自己有好的产品，希望找到成熟的团队，让代理商团队去帮他卖产品，自己负责生产。其实，这是一种不切实际的想法。下面具体分析。

一、社交新零售代理商团队不是简单的产品销售渠道

企业老板必须明白，并不是有好的产品就能够招募到代理商，就会有代理商愿意和企业合作。

社交新零售的代理商不是传统的销售渠道，这些代理商是跟着企业一

起创业，社交新零售企业搭建行业创业平台，赋能代理商开展团队裂变营销。即企业和代理商形成一个良性的合作机制，平台赋能代理商，代理商负责产品的销售和代理商的招商。

二、企业需要给代理商建立营销赋能体系

采用社交新零售商业模式的企业，并不是传统的品牌推广公司或产品销售公司，而是一家平台化企业。企业的核心目标在于代理商招商，通过招募代理商、培训代理商，促使代理商产生代理商团队渠道裂变，从而帮助企业建立更多的代理商销售渠道。

企业在正式招商前，应该搭建好企业的商业模式、产品体系、代理商奖金制度体系、代理商招商体系、代理商培训体系、代理商引流体系，体系建立好之后再进行代理商的招商。只有把这些体系赋能给代理商，才能促进代理商在企业搭建的平台上更好地创业。

三、社交新零售企业的种子代理商从哪里来

社交新零售企业的种子代理商来自企业的自身资源。比如，项目股东资源、原有团队资源以及原有消费者客户群体。

一个社交新零售项目在正式招商之前，应当建立项目的运营体系。当运营体系建立之后，开始对外招商，在前3个月内完成种子代理商的招募。种子代理商进入之后，对核心种子代理商做新人的启动培训，促进种子代理商二次资源裂变，进而形成代理商团队。

在这个过程中，项目会加入很多代理商，之后再利用代理商的资源进行新代理商的招商，在此过程中会产生代理商团队的合作。因此，一个社

交新零售商业模式项目想和团队达成合作，要分两步走：第一是自身完成运营体系化的搭建，第二是自身启动招商。只有走完这两步，招商的过程中才会有成熟的新零售代理商团队加入。